돌아오지 않은 무인기

그들은 전시계엄을 꿈꾸었다

부승찬 이규정

일러두기 | 이 책 내용은 사건 관계자의 진술, 군 내부 자료, 정부기관 제공자료, 언론 보도 등을 참고해 기술했습니다. 다만, 군사보안과 사생활 보호를 위해 일부 인물의 이름과 직책, 계급을 바꾸고, 부대나 시설 등을 가리는 한편, 일부 내용은 맥락을 유지하는 선에서 각색했음을 알려드립니다.

해요media

추 천 사

다시는 이 땅에 외환과 북풍이 없기를

우 원 식 국회의장

　우리 국민의 용기와 헌신으로 국가적 위기를 한고비 넘기고 나니, 격랑이 삼켜버렸던 12·3 내란의 진실의 파편들이 하나둘씩 수면 위로 떠오르기 시작했습니다. 대북전단을 실은 무인기를 북한에 침투시켜 대남도발을 유도함으로써 비상계엄 선포 요건을 만들려 했다는 의혹도 그중 하나입니다. 남다른 사명감과 열정으로 일찍이 이 사건을 파고든 부승찬 의원과 이규정 선임비서관이 12·3 비상계엄 1년을 맞아 『돌아오지 않은 무인기』를 세상에 내놓았습니다.

　저자들은 그동안 알려지지 않은 평양 무인기 작전의 전모를 생생하게 공개합니다. 무인기 제작·도입부터 작전 후 증거인멸까지, 석연찮은 일체의 과정을 각종 제보와 자료를 따라 좇아가고 있습니다. 분단이라는 특수한 상황을 이용해 북의 도발과 위협을 선거에 이용해온 역사를 우리는 똑똑히 기억하고 있습니다. 저자들의 주장대로라면 평양 무인기 작전은 역사상 가장 과격한 북풍으로 기록될지도 모르겠습니다. 북한이 여기에 강력 대응했거나 우리가 오물풍선을 원점 타격해 교전이 벌어졌다면, 대한민국이 지금 어떤 상황일지 상상만으로도 모골이 송연합니다.

책에는 군에 대한 애정에서 비롯된 제언도 담겼습니다. 저자들은 이 사건이 얼마나 많은 우리 군의 약점과 모순을 보여주는지 예리하게 포착했습니다. 이들의 분석과 제안이 국방정책을 만들어가는 모든 이에게 유익한 시사점을 줄 것으로 기대합니다.

이 책은 용기 있는 제보자들에 대한 기록이기도 합니다. 편법 무인기 도입을 견제한 연구원, 위험한 경로 비행 지시에 반기를 든 비행반장, 그리고 이 모든 것을 지시한 곳이 어디며 내부에서 어떤 증거인멸 시도가 있었는지를 외부에 알린 장교들의 용기와 양심은 오래도록 기억될 것입니다.

기록은 진실을 밝히는 힘이고, 역사를 바로 세우는 기둥입니다. 저자들의 노력이 아니었다면, 12·3의 진실 중 많은 부분이 묻혔을 것입니다. 값진 기록을 세상에 내놓은 두 분께 감사의 마음을 전합니다. 평양 무인기 작전을 마지막으로 더는 이 땅에 외환과 북풍이 없어야 한다는 저자들의 소망은 우리 국민의 마음이기도 합니다. 같은 바람을 가진 모든 분의 일독을 권합니다.

추 천 사

군 내부 제보자들이 가장 신뢰한 통로

추 미 애 국회 법제사법위원장

2024년 12월 3일 밤, 국회는 전쟁터였습니다.

헬기가 상공을 맴돌고 계엄군이 담장을 넘어오는 그 순간, 우리는 대한민국 헌정사에서 가장 암울한 시간을 목격했습니다. 하지만 동시에 우리의 민주주의가 얼마나 강인한지도 확인했습니다. 시민들이 몸으로 탱크를 막았고, 국회가 2시간 31분 만에 불법 계엄을 해제했습니다.

그날 이후 우리 앞에 남은 과제는 분명했습니다. 이 내란의 진실을 반드시 밝혀내는 일이었습니다. 그 길에서 부승찬 국회의원과 이규정 선임비서관은 누구보다 치열했고, 누구보다 진심이었습니다.

국정조사특위와 민주당 진상조사단, 국방위에서 함께 활동하며 저는 두 분의 집요함을 가까이서 지켜봤습니다. 새벽까지 이어지는 자료 분석, 제보자들과의 긴밀한 소통, 군 내부 양심세력이 용기 내어 건넨 증언들, 이 모든 것이 이 책의 토대가 되었습니다.

부승찬 의원실은 군 내부 제보자들에게 가장 신뢰할 수 있는 통로였습니다. 국가를 지키겠다는 신념으로 양심의 목소리를 낸 이들의 용기에, 두 저자는 국회의 권한과 헌신으로 응답했습니다.

특히 두 분이 최초로 포착한 '외환'의 실체는 충격적이었습니다.
평양 상공을 날아간 우리 무인기, 강요된 북한 오물풍선 원점타격 계획 등 내란 혐의자들에게 그해 가을은 '외환의 가을'이었고, '내란의 밤'을 위한 치밀한 준비 기간이었습니다. 그리고 한반도를 전쟁 위기로 몰아가 계엄의 명분을 만들려 했던 권력의 민낯을 이 책은 낱낱이 드러냅니다.

내란 특검이 수사를 시작하며 가장 먼저 찾은 곳이 부승찬 의원실이었다는 사실은 우연이 아닙니다. 두 저자가 수개월간 축적한 자료와 분석은 수사의 나침반이 되었고, 윤석열 정권에 외환의 죄를 물을 법적 근거를 제공했습니다.

이 책은 역사의 증언입니다. 헌정질서를 수호하려는 이들의 분투가, 그리고 민주주의를 지키기 위해 기꺼이 위험을 무릅쓴 양심의 목소리들이 이 책 속에 생생히 살아 숨쉽니다.

진실을 밝히기 위해 헌신한 두 저자에게 깊은 경의를 표하며, 베일에 싸여 있던 외환의 가을부터 온 국민이 목격한 내란의 밤까지, 대한민국이 벼랑 끝에 섰던 그 100일의 진실이 담긴 이 책을 모든 국민께 권합니다.

추천사

치열한 추적기이자 역사서

최 욱 방송인·매불쇼 진행자

"선을 넘네?"
정치권에 통쾌한 유행어를 남긴 부승찬 의원이 책을 썼습니다.

며칠 전 길에서 택시를 기다리는데, 라이더 한 분이 굳이 가던 길을 멈추고 돌아와서 "지난 1년간 최욱 씨 덕분에 버텼어요~ 고마워요~"
짧은 한마디를 남기고 떠났습니다.
과도한 칭찬이었지만 너무 감동적이었습니다.

저에게 그런 존재가 바로 부승찬 의원입니다. 내란 우두머리 윤석열을 탄핵하는 과정에서 부 의원의 도움을 참 많이 받았습니다. 우리가 접근하지 못하는 정보를 바탕으로 전문적인 해설을 해주었기에 불법 계엄의 실체를 파악하는 데 큰 도움을 받았습니다.

선을 넘은 윤석열의 불법 계엄은 정말 큰 충격이었습니다. 그중 가장 큰 충격은 평양 무인기 작전이었습니다. 그야말로 선을 세게 넘은 것입니다. 계엄의 명분을 삼기 위해 평양에 무인기를 보낸 사실은 워낙 비현실적이라 아직도 실감하지 못하는 사람이 많아 보입니다.

평양 무인기 작전에 대한 정리를 이렇게 쉽게 해주니 저로서는 참 반가운 일이었습니다. 평양 무인기 작전의 실체를 찾기 위한 치열한 추적기이자 그동안 공개되지 않은 이야기를 담은 역사서이기도 한 '돌아오지 않은 무인기'를 대한민국을 사랑하는 분들에게 추천합니다.

다시는 이러한 비극이 반복되지 않기를 바라며 책 속의 기록을 곱씹으며 저의 기억 속에 정확히 기록해 두겠습니다.

content

추천사

다시는 이 땅에 외환과 북풍이 없기를 (우원식) ·················· 002

군 내부 제보자들이 가장 신뢰한 통로 (추미애) ·················· 004

치열한 추적기이자 역사서 (최 욱) ·················· 006

들어가며

외환(外患), 12·3 내란의 전사(前史) ·················· 010

1부 | 그들은 전시계엄을 꿈꾸었다

1장 제보자들의 용기로 시작한 외환의 추적 ·················· 018

2장 전면전 각오한 오물풍선 원점타격 ·················· 027

3장 가장 과격한 '북풍', 평양 무인기 작전 ·················· 055

4장 외환유치죄와 일반이적죄 사이에서 ·················· 064

2부 | 실전에 투입해서는 안 될 무인기

1장 윤석열의 분노와 김용현의 아부 ·················· 078

2장 급조한 무인기와 드론사령부 ·················· 093

3장 평양으로 날아간 무인기의 스펙 ·················· 104

3부 | 게임체인저 아닌 계엄체인저?

1장 V가 창설한 부대, V 뜻만 따르는 부대 ·············· 114

2장 V 지시에 무너지는 작전지휘체계 ·············· 121

3장 백령도의 야간 비밀작전 ·············· 136

4장 추락한 무인기와 가짜 비행이력카드 ·············· 149

5장 조작의 시간―표창, 증거인멸, 부실조사 ·············· 158

4부 | 평양 무인기 작전이 남긴 질문들

1장 무인기 침투가 정상 작전이 아닌 이유 ·············· 176

2장 드론사령부라는 형태가 적합한가? ·············· 194

3장 이런 명령도 따라야 하나? ·············· 199

4장 바람직한 민군관계는 무엇인가? ·············· 210

나가며
평양 무인기 작전은 무엇이었나? ·············· 216

후기 '윤석열의 난' 막전막후 ·············· 222
부록 무인기 제보 녹취록 ·············· 240

들어가며

외환(外患), 12·3 내란의 전사(前史)

12·3 내란(內亂) 이전에 외환(外患)이 있었다.

비상계엄 선포 D-61일 10월 3일 밤, 김용현 국방부 장관과 김용대 드론작전사령관의 지시로 드론사 무인기 4대가 군사분계선을 넘어 평양 상공으로 날아가 대북전단을 뿌렸다. 북한의 반응이 없자 비상계엄 선포 D-15일인 11월 18일, D-5일인 11월 28일, 김용현은 합동참모본부 전투통제실로 가 북한 오물풍선 원점 타격과 오물풍선 격추를 강요했다.

형법에 규정된 '외환의 죄'는 대한민국을 전쟁에 휘말리게 하는 행위를 처벌하는 법이다. 백령도에서, 합참에서, 외환의 현장에 있던 군인들이 주저한 이유도 그 때문이었다. 격추당할 위험이 크고 전쟁을 유발할 수 있는 무인기 침투 지시에, 당장 북한 오물풍선 원점을 타격하라는 채근에 군인들은 망설일 수밖에 없었다. 국민을 지키는 군인으로서 차마 할 수 없는 일이었기 때문이다.

윤석열과 그 추종자들에게 외환은 내란을 성공시킬 수 있는 '절대반지'였다. 북한이 우리의 평양 무인기 침투와 북한 오물풍선 원점타격에 대해 보복을 감행해 남북 간 교전이 벌어졌다면 윤석열이 의도한 전시계엄의 문이 활짝 열렸을 것이다.

북한의 반격에 우리 군인과 민간인이 죽었다고 상상해 보라. 전우를 잃은 군은 움직일 수밖에 없다. 어쩌면 북한에 분노한 국민을 설득할 수도 있었을 것이다. 외환이 성공하고 그 직후 계엄이 선포됐더라면, 헌법재판소가 12·3 비상계엄 실패 원인으로 지목한 '군경의 소극적인 임무 수행'도 없었을지 모른다. 외환은 한반도에 사는 모든 이의 운명을 가를 수 있는 희대의 도박이었다. 윤석열과 김용현은 전면전을 벌여서라도 내란을 성공시키겠다며 희대의 도박판을 벌인 셈이다.

평양 무인기 작전이 어떻게 가능했는지, 당시 한국군에서 어떤 일이 벌어졌는지를 파헤치던 우리는 운명처럼 무인기 작전과 오물풍선 원점타격 작전에 관여한 군인들을 만날 수 있었다. 그들은 각자의 자리에서 법과 절차, 그리고 상식에 기대어 윤석열과 김용현이 벌이는 일에 의문을 품고 소극적이나마 저항했다. 그들 덕에 무슨 일이 있었는지 자세히 알 수 있었다.

우리는 그들의 귀중한 증언과 방대한 관련 자료를 짚어가며 '외환의 가을'을 재구성했다. 평양 침투 작전에 쓰인 무인기 도입, 작전을 수행한 드론작전사령부창설 과정, 그리고 작전 기획-준비-시행-수습 전 과정을 복원했다.

평양 무인기 작전의 실체를 확인하는 과정에서 거의 모든 관계 법령과 규정이 지켜지지 않았다는 사실을 알 수 있었다. 무기 도입, 작전명령과 관련된 법과 절차가 망상에 사로잡힌 군 통수권자의 말 한마디에 무참히 짓밟힌 것이다.

　책 작업이 막바지에 이르렀을 때 내란 특검이 윤석열의 '외환'을 일반이적죄로 기소했다는 소식이 들려왔다. 우리 형법의 외환죄 규정으로는 윤석열을 단죄하는 데 한계가 있었던 것이다. 우리는 이 책에서 윤석열의 외환을 충분히 처벌할 수 있는 형법 조항을 검토하는 한편, 외환죄가 '북풍'과 같은 국가적 위기를 조장해 국민을 위태롭게 하는 행위를 차단하는 실질적인 방패로 기능하려면 무엇을 어떻게 바꿔야 할지를 고민하고 대안을 제시했다.

　선출권력(윤석열)과 군(김용현 등)이 맺어온 뒤틀리고 후진적인 민군관계의 민낯을 들여다보는 일은 참담했다. 대통령과 국방부 장관이 마음먹고 군을 동원해 북풍을 일으키려 할 때 별다른 제재 수단이 없다는 사실도 확인됐다. 전군 최고 작전지휘관인 합동참모의장이 얼마나 영(令)이 안 서는 자리인지도 확연히 드러났다.

우리는 평양 무인기 침투 작전의 실체를 드러내면서 이상의 문제들을 해결하는 데 도움이 될 만한 방안을 제시하고자 한다. 대통령 말 한마디에 급하게 창설된 드론작전 '사령부'라는 형태가 '미래 게임 체인저'라는 드론 전력을 발전시키기에 적절한지도 논의했다.

악몽과도 같았던 12·3 내란이 발생한 지 1년이 다 됐다. 국회는 친위쿠데타 재발을 막기 위해 계엄법을 대폭 바꿨다. 여기에는 그 누구도 다시는 국가와 국민의 운명을 걸고 내란과 외환이라는 도박을 벌이지 못하게 하겠다는 국민의 의지가 담겼다. 우리는 그 의지를 되새기기 위해 이 책을 펴냈다.

일부 식자들은 평양 무인기 작전을 포함해 군사작전을 법의 관점에서 판단하는 것도, 법으로 장군의 지휘권을 제한하는 것도 부적절하다고 주장한다. 이 책 자체가 이러한 주장에 대한 반론이 될 수도 있을 것이다. 법을 지키면서도 필요한 작전을 얼마든지 할 수 있다.

책이 나오는 데 결정적인 도움을 준 사람들이 있다. 특히, 12·3 내란 발생 이후 평양 무인기 작전이 결국 비상계엄의 사전 포석임을 깨닫고 그 내막을 자세히 알려준 양심적인 군인들에게 크게 빚졌다. 조직의 관성과 혹시라도 있을지 모르는 불이익 등을 고려하면, 결코 쉽지 않은 행동이었다.

이들의 용기는 진실을 밝히고 많은 일을 제자리로 돌려놓는 데 큰 구실을 할 것이다. 그 용기 있는 증언을 기록한 이 책이 숨겨진 외환 범죄의 진실을 규명해 향후 국방 개혁의 방향성을 잡는 데 작은 마중물이 되기를 바란다.

2025년 11월 국회의원회관 1003호에서

1부

그들은 전시계엄을 꿈꾸었다

1장
제보자들의 용기로 시작한 외환의 추적

2장
전면전 각오한 오물풍선 원점타격

3장
가장 과격한 '북풍', 평양 무인기 작전

4장
외환유치죄와 일반이적죄 사이에서

1장
제보자들의 용기로 시작한 외환의 추적

4명의 현역 군인

12·3 계엄이 선포된 다음 날, 전 인원이 정상출근한 드론작전사령부는 고요했다. 그 괴이한 침묵에 윤영수 소령은 비위가 상했다. 누구도 비상계엄에 대해 말하지 않았고, 다들 '평양 무인기 작전'은 잊은 듯했다.

윤 소령은 사령부에서 퇴근하자마자 2024년 6월 사용했던 업무용 다이어리를 급히 찾았다. 다이어리를 찾은 그는 평양 무인기 작전 준비 지시를 처음 들었던 6월 3일의 페이지를 펼쳤다. "V 지시"라며 "평양 무인기 작전을 준비하라"는 정보작전처장(이하 정작처장)의 믿지 못할 브리핑을 들으며 급하게 적어 내려간 메모가 거기 그대로 있었다.

윤 소령은 메모를 응시하며 지난 몇 달의 시간을 회상했다. 드론사는 V 지시로 평양에 무인기를 보내 전단을 뿌렸고, 두 달 후 V는 비상계엄을 선포했다. 윤 소령은 자신과 동료들이 비상계엄 성공을 위한 수많은 장기짝 중 하나였다는 생각을 떨치기 어려웠다.

TV에서 본 우왕좌왕하는 계엄군과 맹렬히 막아서는 시민과 국회 직원들의 모습이 떠올랐다. 12·3 내란의 밤, 그는 갑자기 큰 비밀을 간직한 사람이 됐다. 복면이라도 쓰고 거리로 나가 "V가 평양 무인기 작전을 지시했습니다!"라고 소리라도 지르고 싶은 심정이었다.

같은 시간, 드론사 소속 정윤수 중위도 깊은 생각에 잠겼다. 정 중위는 평양 무인기 작전 관련 지시를 받은 적은 없다. 다만, 눈치 빠른 그는 사령부 내에서 몇 사람이 은밀히 그 작전을 준비하던 사실을 일찍이 간파했다.

결정적인 순간은 2024년 10월 3일 작전이 실행되기 이틀 전 동료 노트북 화면에서 백령도-평양 경로가 띄워진 걸 발견했을 때다. 그는 그 경로를 휴대전화로 찍어뒀다. 12·3 계엄이 선포된 직후 그는 이 사진이 드론사의 평양 무인기 작전을 입증할 증거가 될지 모른다고 생각했다.

정 중위가 처음부터 이 작전을 부정적으로 생각한 건 아니었다. 그러나 경로를 들여다보면 볼수록 평양 무인기 작전은 들키려고 작정한 것으로밖에 볼 수 없었다. 군이 이 작전을 통해 이루려는 목적도 알 수 없었다. 그는 섬뜩한 예감이 들었다.

2024년 10월 11일 북한 외무성이 한국군 무인기가 평양 상공에서 전단을 살포했다고 공개한 이후 드론사로 국회 요구자료가 빗발쳤다. 선배들은 작전에 대해 쉬쉬하고 진상을 숨기는 데 급급했다. 차라리 필요한 작전을 했을 뿐이라고 당당한 태도를 보였다면 실망하지 않았을지 모른다. 스스로 벌인 일에 당당하지 못한 군의 모습에 정 중위는 크게 실망했다. 게다가 드론사는 조직적으로 무인기 작전을 은폐하기 시작했다. 그는 진실이 영영 묻힐지도 모른다는 절박감에 몇 가지 자료를 더 챙겨뒀다.

12·3 계엄이 선포된 지 며칠 후, 국군심리전단의 양태선 상병은 당직근무 중 파일을 펼치고 문건들을 읽어내려갔다. 그의 눈 앞에는 '전단작전 시행절차' '군사정보지원작전 지침' 등 여러 문서가 있었다. 대북전단 풍선에 주입하는 수소량과 풍량, 고도 등이 복잡하게 연동된 수식이 쓰인 문서, 실제 북한에 뿌린 대북전단 등이 거기 있었다. 양 상병은 문서를 하나하나 살피며 "대북전단 풍선을 부양하라"는 상관의 지시에 "우리가 먼저 도발하는 거 아닙니까?"라며 반발하던 순간을 떠올렸다.

생각은 꼬리에 꼬리를 물었다. 양 상병은 풀리지 않았으나 금세 잊어버렸던 의문을 다시 떠올렸다. 그때 왜 상관은 국방부와 합참 모르게 대북전단을 보내야 한다고 말한 걸까? 국방부와 합참이 아니면 대체 누가 지시했단 말인가? 왜 시민단체로 위장해서 대북전단을 보내야 했던가?

양 상병은 자신이 품었던 의문과 12·3 비상계엄이 모종의 관계가 있다는 강한 예감이 들었다. 그는 수사기관이든 언론이든 누군가 진상을 규명하길 간절히 바라며 국군심리전단이 전단 작전을 실행했다는 사실을 증빙할만한 자료를 하나씩 모았다.

2024년 국방부와 합참의 정책부서에서 근무한 오수철 대위는 12·3 비상계엄을 선포하는 윤석열의 모습을 보자마자, 6개월 전에 보고 깜짝 놀랐던 '적 오물풍선 원점타격 계획'이라는 문서를 떠올렸다. 합참이 "(북한 오물풍선이) 선을 넘었다고 판단될 경우 단호한 군사적 조치를 시행할 것"이라고 발표한 배경에는 이 계획이 있었다. 오물풍선에 포탄으로 응답한다는 그 무모한 계획과 원점의 범위가 어디인지 대답하지도 못하면서 꾸역꾸역 타격 계획을 보완하던 참모들을 보며 오 대위는 경악했다.

오 대위는 군 수뇌부가 북한 오물풍선에 지나치게 과격하게 대응한다고 생각했다. 2024년 11월 말 어느 날, 오물풍선을 방공무기로 경고사격하라는 지시까지 내려왔지만, 다행히 그날은 날아오지 않았다. 천운이라고 여겼다. 만약 그날 오물풍선이 날아오고 경고사격으로 대응했더라면, 원점타격으로 격화할 수도 있었다. 그는 북한 오물풍선 원점타격이 실행됐더라면 12·3 비상계엄은 사뭇 다르게 전개됐으리라 판단했다. 거기까지 생각이 미치자 오물풍선 원점타격 계획을 혼자만 아는 건 큰 잘못이라는 생각이 들어 견딜 수 없었다.

이렇듯 윤영수 소령, 정윤수 중위, 양태선 상병, 오수철 대위 네 사람은 외환 국면에서 매우 중요한 위치에 있었다. 그들은 평양 무인기 작전, 국군심리전단의 대북전단 부양, 북한 오물풍선 원점타격에 큰 의문을 가졌고, 과연 필요한 조치였는지 양심과 상식에 기대어 생각했다. 그들은 군이 국가와 국민을 지키고 있는지를 자문했다. 오랜 고뇌 끝에 '아니다'라는 답이 나오자 제보를 결심했다. 그들의 제보는 '외환의 실체'를 밝히는 결정적인 단서가 됐다.

윤 소령이 작성한 메모는 윤석열의 평양 무인기 작전 지시 여부를 따져 물을 수 있는 유일한 기록이었다. 정 중위가 찍은 경로 사진은 평양 무인기 작전이 들키기로 작정한 작전이라는 사실을 입증할 자료였다. 양 상병은 국군심리전단이 선제적으로 북한에 대북전단 풍선을 보냈다는 사실을 확인해 줬다. 그리고 오 대위의 증언은 북한 오물풍선에 대한 원점타격으로 자칫 남북 간 교전이 빚어질 수도 있었음을 시사한다.

제보자들은 군을 이용해 국민에게 총부리를 겨눈 윤석열의 12·3 내란에 크게 분노하고, 당당하지 못한 군의 행태에 실망했다. 제보 동기는 각자 다르지만, 분노와 실망은 같았다. 그들은 보기 드문 용기를 발휘하고 기꺼이 외환의 진실을 밝히기 위한 등불이 되어주었다. 우리는 그들의 증언과 자료를 디딤돌 삼아 윤석열의 일그러진 권력욕이 빚은 '외환의 가을'을 추적해나갔다.

윤석열의 외환 범죄 일지

[북한 오물풍선 원점 타격]

2024년 10월 중순.
김용현 장관은 곽종근 특수전사령관에게 전화해 "(내가) 합참 지휘통제실에서 북한 오물풍선에 대한 원점 타격을 지휘하겠다"고 말했다.
—윤석열 정부의 비상계엄 선포를 통한 내란 혐의 진상규명 국정조사 결과보고서, 92쪽.

2024년 11월 9일.
노상원이 "북한이 오물풍선을 날리면 우리가 원점을 타격하고 지원세력을 타격할 수 있어서 너희가 임무 수행을 할 수도 있다"고 말했다.
—김봉규 정보사령부 신문단장(육군 대령) 신문조서(서울중앙지방검찰청), 2024.12.21.

2024년 11월 18일 합참 지휘통제실.
"그날 오후 김 장관은 이승오 합참 작전본부장에게 북한 오물 풍선 대응 계획을 가져오라고 지시했다. 그는 대응계획을 보고 받으며 "다음 오물 풍선이 오면 작전본부장이 '상황 평가결과 원점 타격이 필요하다'고 보고해라. 내가 지상작전사령부에 지시하겠다"고 말했다"
—한겨레, [김용현, 합참에 "내가 지시하면 북 오물풍선 원점타격…의장엔 보고 말라"], 2025.8.13.

2024년 11월 28일 합참 지휘통제실.
"김용현 전 국방부 장관이 12·3 비상계엄 작전을 앞두고 오물풍선 원점타격 지시와 관련해 이승오 합참본부장을 질책하고, 이후 부관들과의 자리에서 합참 고위직을 겨냥해 "합참 개념 없는 놈들" "쟤 빼" 등 폭언을 했다는 군 고위 관계자의 제보가 접수됐다고 이기헌 더불어민주당 의원이 밝혔다."

—중앙일보, [단독] 野 "김용현 '北원점타격 거부' 합참의장에 폭언"…합참 "아니다", 2024.12.9.

[평양 무인기 작전]

2022년 12월 29일 국방과학연구소(ADD).
윤석열 대통령은 국방과학연구소를 방문한 자리에서 "지난 월요일에 북한 무인기가 영공을 침범하고, 우리로서는 도저히 용납할 수 없는 그런 사건이 발생했습니다"라며 "확고한 응징과 보복만이 우리 자유에 대한 공격과 도발을 억제할 수 있습니다"라고 말했다. 이어 김용현 당시 경호처장이 "북한이 5대 보내면 우리는 100대, 1,000대 보내야 한다"며 "1,000대 정도는 만들어야 한다"라고 말했다.
—국방과학연구소 자료, 국방과학연구소 내부 증언

2024년 5월 말 대통령경호처장 공관.
김용대 드론작전사사령관이 김용현 경호처장에게 "드론사가 보유한 무인기를 개조해 대북 심리전단 작전을 펼치는 방법을 검토 중"이라고 하자 김 처장은 "잘해보라"고 격려했다.
—조선일보, [단독] 김용현, 경호처장 시절 드론사령관 만나 '평양 무인기' 논의, 2025.7.24.

2024년 10월 11일 국회 법제사법위원회 국정감사장(용산 국방부 청사).
김용현 : "조금 전에 북한 외무성에서 성명을 발표했는데 핵심은 '무인기를 이용해서 전단을 평양 일대에다가 살포했다. 남조선이 이런 도발을 했다. 강력하게 대응하겠다' 이런 입장입니다. 여기에 대해서 우리의 기본적인 입장은 '이러한 북한 주장에 대해 사실 여부를 확인해 줄 수 없다' 이게 기본 입장입니다."
—국회 법제사법위원회 국정감사 회의록, 2024.10.11.

2024년 11월 초.
무인기 북파 TF 소속 장교의 증언. "함께 TF에 속했던 다른 인원으로부터 'VIP랑 장관이 북한 발표(10월 11일 외무성 발표)하고 나서 박수 치며 좋아했다. 너무 좋아해서 사령관에게 또 (작전을) 하라고 그랬다. 사령관이 굉장히 부담을 느끼고 있다'는 얘기까지 들었습니다."
—전 드론작전사령부 북파 TF 장교의 증언록, 2025.6.27.

[외환을 기획한 여인형의 휴대전화 메모]

2024년 10월 18일 14:06
불안정한 상황에서 단기간에 효과를 볼 수 있는 천재일우의 기회를 찾아서 공략해야 합니다.
이를 위해서, 불안정상황을 만들거나 또는 만들어진 기회를 잡아야 합니다.
1. 체면이 손상되어 반드시 대응할 수밖에 없는 타겟팅
– 평양, 핵시설 2개소, 삼지연 등 우상화 본거지, 원산 외국인 관광지, 김정은 휴양소
※ 최종상태는 저강도 드론분쟁의 일상화 (정찰 및 전단작전, 그러나 영공침범 시 물리적 격추)
2. 북한의 러시아에 전투병력 파견 공개
– 글로벌 안보상황의 위험성을 국민들이 체감
3. 북 전략무기 시험발사 시 우리 고위력 미사일 시험발사 공개
4. 미대선 결과 즉시 정상급 공조통화

2024년 10월 23일 09:24
목적과 최종 상태
- 미니멈, 안보위기
- 맥시멈, 노아의 홍수

2024년 10월 23일 14:21

*풍선, 드론, 사이버, 테러, 국지포격, 격침 등

*핵실험, ICBM 무력시위 등

2024년 10월 23일 14:26

충돌 전후 군사회담 선제의 고려
- 대외적 명분과 적 기만 효과

2024년 10월 23일 14:33

적의 전략적 무력시위 시 이를 군사적 명문화할 수 있을까?
- 핵실험 〉〉〉〉 군사적 조치? 안보정국?
- ICBM 〉〉〉

2024년 11월 5일 22:53

−적 행동이 먼저임. 전시 또는 경찰력으로 통제불가 상황이 와야 함.

(중략)

−적은 매우 수세적임.
- 끝으로 치닫고 있음. 기다리면 기회가 올것임.

*결론
- 적의 여건을 조성하고
- 인내하면서 당장의 위협을 완화하고
- 결정적인 호기를 기다려야 함.

2장
전면전 각오한 오물풍선 원점 타격

국군심리전단이 '창조한' 남북 긴장의 악순환

2023년부터 국군심리전단은 민간단체가 대북전단을 부양하는 그 시간대에 전단 작전을 수행했다. 북한이 오물풍선을 부양하기 전에 선제적으로 우리 군이 대북심리전 작전을 벌인 것이다.

일반적으로 이러한 작전을 공개하는 건 부적절하다. 심리전은 상대의 인지·감정·의사결정에 은밀하게 개입하는 군사활동이다. 심리전 수단과 방식, 내용을 공개할 경우 그 효과가 떨어질 수 있다.

그럼에도 구체적 내용을 공개하는 이유는 2023~2024년 국군심리전단이 벌인 이른바 군사정보지원작전(Military Information Support Operations)[1] 들이 필요 이상으로 군사적 긴장도를 높이는 작전이었

---

1) 합참은 2014년 1월 13일부터 심리전에서 군사정보지원작전으로 명칭을 변경했다. 지나치게 포괄적인 의미를 내포하는 '심리전' 대신 군사적 운용에 초점을 맞춘 '군사정보지원작전'으로 변경한 것이다.

으며, 도리어 국가안보에 부정적 영향을 끼쳤다는 판단 때문이다.

게다가 군사정보지원작전은 국회 국방위원회에도 보고되지 않는다. 법적으로 그러한 의무도 없으니 합참은 작전 보안성 때문에 말할 수 없다는 말을 반복할 뿐이다. 그러나 정치적 편향과 군사적 합리성이 늘 문제였던 만큼 군사정보지원작전에 대한 최소한의 민주적 통제장치가 반드시 필요하다.

이 작전의 자세한 내용을 외부에 알린 전 국군심리전단 소속 요원도 이런 문제의식을 느끼고 있었다. 그는 2023년 9월부터 국군심리전단이 북한에 대북전단을 살포했다고 증언했다. 국군심리전단이 이러한 선제적 전단 작전을 통해 대체 어떤 효과를 노렸는지는 아직도 밝혀지지 않았다. 민주적 통제장치가 없는 탓이다.

북한 오물풍선 부양이 빈번해지자 국군심리전단은 국가안전보장회의(NSC) 지침을 받아 대북 확성기 방송을 재개했다. 국군심리전단은 2024년 7월 21일부터는 하루에 16시간씩 대북 확성기로 방송을 틀었다. 북한은 이에 반발해 오물풍선 양을 늘리고, 대남 확성기 방송을 틀기 시작했다.

이날 국군심리전단은 대북전단 작전을 강화한다는 계획도 확정한 것으로 전해진다. 윤석열 정권은 북한의 오물풍선 부양은 우리 민간단체의 대북전단 풍선 부양에 대한 대응이라고 판단한 것으로 알려졌다. 자신들이 대북전단 풍선 부양을 방치하고는 강경 대응하겠다고 으르렁거리는 꼴이었다.

국군심리전단은 2024년 남북이 오물과 전단을 끊임없이 주고받는 악순환을 촉진한 주체다. 국군심리전단은 작전 보안성이라는 명분을 내세워 의도와 그 결과에 대해 함구하고 책임지지도 않는다. 자칫 국가안보와 국민 안위에 부정적인 영향을 끼칠 수 있는 내용을 비밀에 부치는 것은 국민의 알 권리에 어긋난다. 국군심리전단이 한 일을 자세히 밝히는 것도 그 때문이다.

"우리가 먼저 도발하는 거 아니에요?"

2023년 12월 초 어느 날 저녁, 전방에 위치한 국군심리전단 지역중대 생활관에서 논쟁이 벌어졌다. 소대장이 소대원 20여 명에게 "내일 밤 전단 작전을 수행할 거니까 그렇게 알고 준비해라"라고 말했다. 풍선에 바람 넣고, 전단 묶음을 달아보는 훈련만 했지, 실제로 풍선을 북한에 날려본 대원은 없었다. 소대장의 충격적인 지시에 잠시 정적이 흘렀다.

소대장이 "야, 괜찮아. 그냥 하던 대로 하면 된다"며 분위기를 전환해 보려 했다. 하지만 분위기는 여전히 무거웠다. 구석에 앉아 있던 양태선 상병은 입이 쩍 벌어졌다. 양 상병은 평소 각종 기사나 사회과학 책을 즐겨보는 병사였다. 거의 의견을 내지 않고 조용히 지내던 그가 손을 번쩍 들었다. 소대장과 병사들이 모두 양 상병을 쳐다봤다.

"소대장님, 이거 우리가 먼저 북한을 도발하는 거 아니에요?"

부임한 지 3개월째인 젊은 소대장은 부대원을 통솔해야 했다. 그는 "야, 양 상병, 군인이 까라면 까는 거지 뭔 말이 많아. 야, 너희는 군인이다. 소꿉놀이하냐? 캠핑 온 거 아냐. 위에서 명령하면 어떻게든 하는 게 군인이다"라고 말했다. 소대장의 말에 분위기가 정리됐다. 최고참인 서인수 병장도 "태선아, 이상한 말 하지 말고 가만히 있어"라며 양 상병을 제지했다.

소대장은 "내일 밤 10시에 훈련장으로 갈 거니까 환복하고 준비해 둬라"고 말하고 소대 생활관을 빠져나갔다. 소대의 밤은 그렇게 깊어 갔다. 양 상병은 쉽게 잠을 이루지 못했다.

국군심리전단 ○○지역중대는 헌법재판소가 대북전단금지법에 대해 위헌 결정을 내린 2023년 9월 26일 직후부터 대북전단 부양을 재개했다. 민간단체가 대북전단 풍선을 부양한 날을 골랐고, 민간단체가 사용하는 풍선과 대북전단을 모방했다. 양 상병은 국군심리전단이 얼마나 정확하게 표적에 전단을 보낼 수 있는지를 잘 알고 있었다.

다음 날 밤 10시, 서인수 병장은 소대원들을 데리고 생활관 앞으로 집결했다. 병사들은 군복이 아니라 특수작전 요원들이 입는 흑복 차림이었다. 소대장이 차트를 옆구리에 낀 채 나타났다. 그는 "전단 작전은 우리 심리전단 내 다른 소대도 전혀 모르고, 합참도 모르게 진행된다. 타 부대 인원들 만나도 절대 이야기하지 말고, 휴가 나가서도 절대 이야기하면 안 된다"며 보안을 강조했다.

전단 작전을 연습할 때 병사들은 목표 지점까지 풍선을 이동시키는 데 필요한 정확한 수소량을 계산하고, 그날의 풍향 등을 고려해 고도를 정했다. 국군심리전단에 오래 근무했던 부사관들은 목표 지점까지 정교하게 풍선을 보낼 수 있다고 큰소리치곤 했다. 또 전단 작전을 수행하고 나면 목표 지점의 북한 군인이나 주민 반응을 알아볼 방법도 있다고 으스대곤 했다.

병사들은 짐을 챙겨서 차에 탑승했다. 소대장 옆자리에 서인수 병장이 앉았다. 서 병장이 "근데 왜 이 밤에 해야 합니까? 애들 피곤하게"라고 물었다. 소대장은 "야, 내가 밤에 하고 싶어서 하냐. 민간단체가 대북전단 풍선 보낼 때 맞춰서 하느라 그런 거래. 그게 작전 일정 근거란다"라고 말했다.

차는 민통선 한복판에 위치한 폐건물 앞에 멈췄다. 이곳은 국군심리전단이 쓰는 창고 건물이다. 소대원 전원이 차례차례 차에서 내렸다. 병사들은 하나둘 헤드라이트를 켰다. 병사 스무 명이 움직일 때마다 빛줄기가 현란하게 요동했다. 병사들은 건물 앞 공터에 가지고 온 장비를 모두 펼쳤다. 세로로 기다란 풍선, 100장 묶음으로 쌓인 대북전단이 바닥에 펼쳐졌다.

서 병장은 병사 2명과 수소가스가 비축된 카트리지 밸브에 호스를 연결해 풍선 충전을 준비했다. 그 사이에 양 상병 역시 다른 병사 두 명과 풍선들을 기둥에 묶어뒀다. 수소를 충전하면 풍선이 즉각 공중에 부양하기 때문이다. 서 병장이 풍선에 호스를 연결하고 수소가스통 밸브를 조작했다. 풍선에 기체가 들어가는 소리가 들리기 시작했고, 풍선은 순식간에 부풀어 올랐다. 어느 정도 바람이 차자 공중에 떠오를 듯했다. 수소가 다 들어가자, 서 병장은 풍선 끝을 묶었다.

병사들이 풍선 끝에 타이머, 밸러스트(ballast · 무게중심을 잡아주는 중량물), 그리고 대북전단 묶음을 매달았다. 밸러스트는 공중에서 에탄올을 뿌려 무게를 조정함으로써 고도를 유지하는 장치다. 이어서 병장이 기둥에 묶인 매듭을 풀었다. 그러자 수소풍선은 2분만에 300m 이상 떠올랐다. 병사들의 시선이 길쭉한 하얀 풍선으로 향했다. 병사들 이마에 장착된 헤드라이트 십여 개가 풍선을 비쳤다. 풍선은 화려한 조명을 받으며 금세 시야에서 사라졌다. 병사들은 풍선 100개를 이렇게 북쪽에 보냈다.

2023년 10월 이후 2024년 12월까지 소대는 한 달에 한두 번씩 대북전단 풍선을 북한에 보내는 작전을 수행했다. 민간단체들이 대북전단 풍선을 부양한 날에 맞췄다. 북한은 6개월 동안 아무런 반응을 보이지 않다가 2024년 5월부터 오물풍선을 부양하며 신경질적 반응을 보이기 시작했다.

그 계기는 자유북한운동연합의 대북전단 풍선 부양 공개였다. 헌법재판소의 대북전단금지법 위헌 결정 이후 첫 공개 행보였다. 이 단

대북전단을 들고 있는 자유북한운동연합 회원, 2024.5.10. 자유북한운동연합 홈페이지.

체의 박상학 대표는 2024년 5월 10일 인천 강화도에서 대북전단 30만 장, 케이팝과 트로트 동영상을 저장한 USB 2,000개를 20개 풍선에 실어 보냈다고 여러 언론매체와의 인터뷰를 통해 밝혔다.[2]

박 대표의 인터뷰 전까지만 해도 민간단체의 대북전단 풍선 부양은 이슈가 된 적도 없고 보도된 적도 없다. 북한은 국군심리전단의 비

---

2) 세계일보, "다시 띄운 대북전단… 첫 공개 살포", 2024.5.14.

밀스러운 대북전단 살포보다는 시민단체의 공개적인 대북전단 살포를 심각한 도발로 여긴 것으로 보인다.

대북전단 풍선 통제 의무를 방기하다

2023년 9월 26일 헌법재판소가 이른바 남북관계발전법 24조 1항 3호 등에 대해 7 대 2 의견으로 위헌을 결정한 취지는 그 처벌이 과도하다는 것이었다. 우리 국민이 대북전단이나 드라마 등이 들어있는 USB를 풍선에 담아 북측으로 부양하는 행위 자체는 위법 논란에서 벗어났다.

다만 헌재의 위헌 판단과 별개로 대북전단 풍선이 통제를 받아야 하는 초소형비행체 중 하나라는 사실은 변화가 없다.[3] 따라서 경비행기, 드론 등 다른 초소형비행체와 마찬가지로 항공안전법에 따라 관리해야 한다.

그러나 윤석열 정권은 법적으로 명시된 대북전단 풍선 통제나 단속 의무를 다하지 않았다. 먼저 휴전선 일대에서 사실상 유일하게 대북전단 풍선 비행 현황을 식별할 수 있는 전방 부대가 소극적이었다. 전방 부대는 2024년 5월 10일부터 11월 3일까지 총 27차례 대북전단 풍선의 불법 위규 비행을 발견하고도 단순히 경찰에 상황 공유만 했다.[4]

---

[3] 대북전단 풍선에 관한 법령 회신문(국토교통부), 2024.8.7.
[4] 2024년 4월 9일, 23일에도 노체인. 큰샘, 기독북한인연합이 대북전단 등을 북한에 보냈으나 이때는 단체들이 알리지 않았고 보도도 되지 않았다. 단체들은 5월 10일부터 적극 홍보하기 시작했다.

경찰은 2024년 5월 10일 이후 총 57건에 대해 수사를 벌여 13건을 검찰에 송치했다. 그중 군의 통보가 수사로 이어진 건 5건뿐이다. 경찰은 그중 3건은 비행자를 확인하지 못해 2건만 검찰에 송치했다. 휴전선 일대로 미승인 드론이나 풍선을 날리는 비행자 신변을 확보하라는 합참의 통제 지침이 작동하지 않은 것이다.

> [군 관할 공역 내 민간 초경량비행장치 비행승인 지침서] (국방부, 2023.8.1.)
> **제13조(위규비행 발생시 조치절차)** 비행승인 및 유관 부대(서)는 초경량비행장치의 불법사용 또는 위규비행을 발견 시 다음과 같이 조치한다.
> 1. '항공안전법'에 명시된 초경량비행장치의 불법 사용 및 위규비행에 해당하는 현장을 사진 촬영하거나 대공 혐의점 확인을 위해 위규 비행자의 신변을 확보해 관할 경찰에 합동 현장 조사를 의뢰한다.

민간인이 휴전선 인근에서 경비행기, 무인기, 기구 등을 비행시키려면 지방항공청에 사전 신고해야 한다. 신고하지 않고 비행했다가 적발되면 과태료를 내게 돼 있다.

실제로 휴전선 인근(P-518 비행금지구역)에서 2022년 5건, 건별 80만~100만 원, 2023년 12건, 건별 150만~225만 원, 그리고 2024년 27건, 건별 150만~225만 원이 부과됐다. 드론으로 농약을 살포하거나 사진을 촬영하다가 과태료를 내게 된 것이다.

국토교통부는 휴전선 일대 공역을 관할하는 국방부 장관에게 무인자유기구(초소형비행체) 관련 비행계획의 승인, 허가 등 행정권한을 모두 위탁하고 있다.[5] 국방부 장관은 국방부 고시를 통해 다시 이를 전방의 감시정찰 자산을 통제하는 합참의장에게 위임한다. 이에 합참은 강력한 지침을 만들어놓았으나 제대로 이행하지 않았던 것이다.

2024년 하반기 대한민국은 북한 오물풍선에 몸살을 앓았다. 피해는 서울시와 경기도에 집중됐다. 총 89건의 재산 및 인명피해가 있었다. 다행히도 인명피해는 모두 부상으로 서울 2건, 경기도 1건이었다. 하지만 윤석열 정권의 법체계와 행정력은 약속이나 한 듯 제대로 작동하지 않았다.

북한 오물풍선에 따른 피해

	총피해액	부상		재산	
경기도	414,418,000원	3,771,000원	1건	410,647,000원	23건
서울	114,401,930원	3,850,450원	2건	110,551,480원	63건
총액	528,819,930원				

지방자치단체 제공 자료.

오물풍선은 얼마나 위협적이었나?

"국민 안전에 심각한 위해가 발생하거나 선을 넘었다고 판단될 경우 단호한 군사적 조치를 시행할 것."(합참, 2024년 9월 23일)

국민 안전에 심각한 위해가 발생한 경우에 대한 언급이 있으니 '선'

---

5) 「행정권한의 위임 및 위탁에 관한 규정」 제24조 제8항의 1.

이라는 표현은 우리 국민이 사망한 경우를 의미한다고 추정할 수 있다. 다행히 북한 오물풍선은 합참이 그어놓은 선을 넘지 않았다. 이를 단지 우연이라고 보기는 어렵다. 북한이 오물풍선의 내용물을 정교하게 조정했기 때문이다.

통일부가 2024년 6월 24일 공개한 보도자료에 따르면, 오물풍선 내용물은 폐종이, 폐의류 등으로 일정한 크기였으며, 라벨 등이 일괄적으로 제거된 것으로 보아 '살포용 오물'을 별도로 모은 것으로 추정된다. 인명 살상보다는 불쾌감을 유발하려는 의도였다.

북한 오물풍선 내용물. 통일부 자료.

합참에서 오물풍선 원점타격이나 오물풍선에 대한 직접타격을 결심하지 못한 것도 북한 오물풍선의 위험성이 충분하지 않다고 판단했기 때문이다. 북한은 민감한 시기를 피해가는 영민함을 보이기도 했다. 북한은 8월에는 단 한 차례도 오물풍선을 살포하지 않았다. 기상 요인도 있겠지만 8월 19~29일에 실시된 한미연합연습(UFS) 기간을 피한 것으로 보인다. 드론사의 무인기 북파가 활발했던 10월 24일 ~11월 17일 오물풍선을 전혀 날리지 않은 것도 특이하다.

2024년 북한은 UFS 때 으레 하던 무력도발도 하지 않았다. 2023년 8월만 해도 UFS 기간에 북한은 남반부 전 영토 평정을 목표로 한 '전군 지휘훈련'(8월 28일)과 '전술핵 공격 훈련'(8월 30일, 9월 2일)을 실시했던 것과는 대조적이다.

북한은 오물풍선 부양 사유로 지목한 남한 대북전단을 언급할 때 미국을 거론하지 않았다. 말하자면 오물풍선 부양에 미국을 끌어들이려는 의사가 없었다고 볼 수 있다. 김여정 북한 노동당 부부장이 2024년 10월 14일 담화에서 "평양 무인기 사건의 주범이 대한민국 군부"라면서도 "주인(미국)이 책임져야 할 일"이라고 말한 것과 대비된다.

북한은 2024년 11월 30일 이후 지금까지 오물풍선 부양을 중단했다. 2025년 1월부터 6월 16일까지 경찰청이 11차례 대북전단 살포를 확인했지만, 북한의 오물풍선 부양은 재개되지 않았다.[6] 우리 민간단

---

[6] 2024년 11월 28일 이후 북한이 오물풍선을 보내지 않은 이유는 12.3 내란 실패와 관련된 것으로 해석된다. 2025년 4~6월 주로 납북자단체가 4차례 대북전단을 날렸으나, 이후 북한은 오물풍선을 보내지 않았다. 2024년 전단을 살포한 주체는 탈북인들로 구성된 탈북단체다. 탈북단체가 표현의 자유로서 대북전단을 살포하는 것과 납북자 가족들이 가족 송환을 염원하며 전단을 살포하는 행위는 구별할 필요가 있다. 2025년 6월 14일 이재명 대통령이 대북전단을 통제하겠다고 발표했다.

체의 대북전단 살포가 곧바로 북한 오물풍선 부양으로 이어지지는 않은 것이다.

한 연구에 따르면, 2024년 북한이 심리전 수단으로 풍선에 전단 대신 오물을 넣은 건 2023년 12월 30일 공식화된 '적대적 두 국가론'에 따른 대남전략 방향 전환 때문이다.[7]

그래서 풍선에 다양한 대남 메시지가 아니라 쓰레기가 담겼던 것이다. 물론 2024년 10월 24일과 11월 18일 용산 대통령실에 살포된 오물풍선 내용물 중에는 윤석열 대통령 부부 비난 전단이 있었지만, 이는 다른 메시지와 함께 구성되는 체계적인 선전물이 아니었다.

2016년 1~9월 북한이 살포한 대남전단 가운데 경찰이 수거한 것만 265만 장에 달했다.[8] 수거된 모든 대남전단은 당시 북한의 공식 대남 전략인 '적화통일'과 관련된 체계적인 메시지를 구성하고 있었다.

대통령 비난이 22.6%로 가장 많고, 그다음이 주한미군 철수 여론을 부추기는 반외세 투쟁(17.6%)이었다. 정책 선전(15.6%)과 체제 선전(12.9%)이 그 뒤를 따랐다. 전형적인 '하나의 조선' 논리였다.

---

7) 김민관·허재영. (2025). 북한의 대남 심리전 변화 분석 : 2016년 대남전단과 2024년 오물풍선 비교를 중심으로. 국방정책연구, 41(1), 7-40.

8) 권오국. (2024). "북한의 대남 심리전 사례연구-2016년 살포된 '삐라'를 중심으로-." 정치정보연구, 27집 1호. 31-61.

김정은 시대 삐라의 내용별 분석

북한 선전			남한 비방·투쟁선동					
우상화	체제선전	정책선전	대통령비방	반정부투쟁	반군투쟁	반외세투쟁	정책비난	갈등분열조장
종(種)								
26	44	53	77	31	12	60	6	31
비율(%)								
7.6	12.9	15.6	22.6	9.1	3.5	17.6	1.8	9.1

권오국, "북한의 대남 심리전 사례연구"

정리하면, 2024년 북한은 대북전단 풍선에 대해 6개월간 문제를 제기하지 않았다. 그리고 UFS가 있었던 8월엔 아예 오물풍선을 부양하지 않았고, 12·3 비상계엄 이후에는 완전히 중단했다. 북한은 '적대적 두 국가론'에 따랐으며, 매우 정교하게 수위를 조절했다.

따라서 2024년 북한 오물풍선이 그토록 우리 안보를 위태롭게 하는 것이었는지를 냉철하게 판단해야 한다. 그러나 합참, 국가정보원, 질병관리청 등은 모두 북한 오물풍선 살포 의도와 위험성을 분석하면서 북한의 대남전략 변화를 간과한 채 피상적 평가만 했다.

합참은 북한 오물풍선의 전략적 의도를 빼놓고 단순하게 "치졸한 반인륜적인 행위"라고 규정했다. 보건당국은 뚜렷한 근거 없이 오물풍선의 생화학무기화 가능성을 언급했다. 2024년 10월 7일, 지영미 질병관리청장은 국회 보건복지위원회 국정감사에 출석해 "오물풍선으로 인한 생물테러 위험성을 인식하고 있으며, 두창이나 탄저 백신 비축이 필요하다"고 밝혔다.

2024년 남 대북전단과 북 오물풍선 부양 일지

남 대북전단 살포	북 오물풍선 부양	남 대북전단 살포	북 오물풍선 부양
5.10		9.3	
5.15			9.4
5.26			9.5
	5.28		9.6
	5.29		9.7
5.30			9.8
	6.1	9.9	
	6.2	9.11	9.11
6.5			9.12
6.7			9.14
6.8	6.8		9.15
	6.9		9.18
	6.10	9.19	
6.20			9.22
6.21			9.23
6.22			10.2
	6.24	10.3	
	6.25		10.4
	6.26		10.7
6.29			10.8
7.16		10.9	
	7.18		10.10
	7.19		10.11
	7.21		10.12
7.22			10.19
	7.24		10.20
7.26			10.24
8.9		11.3	
8.10	8.10		11.18
	8.11		11.28
8.20			11.29
8.31			11.30

합참, 경찰, 통일부 제공자료.

국정원은 북한 오물풍선 살포에 남남갈등 유발 의도가 있다고 평가했다. 국정원이 2024년 10월 24일 작성한 것으로 추정되는 문건에는 '북한이 오물풍선 도발을 지속하는 것은 단순히 대북전단을 막기 위한 것이 아니라, 우리 사회 내 안보 불안을 조장하고 국론 분열을 야기하려는 목적'이라는 내용이 있다.

이처럼 각 기관은 경쟁적으로 오물풍선이라는 현상 그 자체에 담긴 모든 가능성을 쥐어 짜내는 듯했다. 이러한 해석은 유엔군사령부의 평가와는 뚜렷하게 대비된다. 2024년 10월 10일, 유엔사는 우리 국방부와 합참에 "대북 확성기 방송이 오히려 북한의 오물풍선 추가 살포 빌미를 제공했다"는 특별조사 결과를 전달했다. 유엔사만이 북한 오물풍선이라는 현상을 남북 간 상호 적대행위 틀에서 판단해야 한다고 평가한 것이다.

북한의 오물풍선은 따로 살아가자는 적대적 두 국가론에 기반한 대남 전략이 내재된 제한적 위협이었다. 그러나 우리 정부 기관들은 이를 피상적으로 해석하며 결과적으로 무위에 그친 경고음을 시끄럽게 울릴 뿐이었다.

합참의 이중플레이 1 - 호전적 메시지의 이면

합참은 북한 오물풍선에 담긴 전략적 의도를 통찰하고 구체적인 위기관리 행동요령을 도출하는 정교한 필터가 되어야 했다. 그러나 합참은 스스로 명확한 기준을 세우지 못하고 대통령과 장관의 호전적이고 변덕스러운 지침에 의존하며 다분히 일차원적이고 감정적인 메시지를 발신했다.

합참이 북한의 오물풍선 부양과 관련해 네 차례 발표한 입장문 어디에도 북한의 오물풍선에 대한 정교한 의미 규정이 없다. '치졸한' '남남갈등을 유발' '저급한' 등의 일차원적인 평가만 있을 뿐이다.

2024년 7월 19일 첫 입장문에서 합참은 북한 오물풍선을 '치졸한 행위'라고 규정하고 '북한이 우리 경고를 무시하고 또다시 이러한 행태를 반복한다면 우리 군은 필요한 모든 조치를 통해 반드시 응분의 대가를 치르게 할 것임'이라고 발표했다. 두 번째 입장문이 발표된 것은 용산 대통령실 인근에 북한 오물풍선이 투하된 직후인 7월 28일이다. 합참은 오물풍선에 대해 '치졸한 반인륜적인 행위'라며 지난 입장보다 높은 수위로 비판했다.

여기서 특징적인 것은 합참이 원점을 알고 있다는 사실을 내비친다는 점이다. 합참은 '우리 군은 북한의 대남 쓰레기 풍선 부양 시부터 이동 경로를 추적, 감시하고, 유관기관과 정보를 공유하면서 국민 안전대책을 강구'했다고 발표했다.

원점은 이미 알려져 있었다. 2024년 7월 15일 성일종 국회 국방위원장(국민의힘)은 국민일보 인터뷰에서 "실제 북한의 오물풍선 살포와 관련해 부양 원점으로 황해도 지역 13곳을 이미 파악한 상태다. 풍선을 띄우기 20~30분 전 가스를 주입하는 움직임까지 정확히 감지할 수도 있다"라고 말했다.

인터뷰가 공개된 직후, 기자들이 합참 공보실에 성 위원장 발언의 진위를 물었다. 이성준 합참 공보실장은 "군은 다양한 상황에 대한 대처 계획을 가지고 있고 옵션(선택지)을 가지고 있다. 그러나 그것을 미리 사전에 공개하는 것은 부적절하다고 생각 된다"라며 원점을 주시하고 있다는 사실을 부인하지 않았다.

두 달 뒤인 9월 23일 합참은 북한 오물풍선에 대해 세 번째로 발표한 입장문에서 '남남갈등을 유발하려는 저급한 행위'라고 새롭게 성격 규정을 했다. 북한이 22차례 총 5,500여 개의 오물풍선을 남측에 보낸 시점이었다.

합참은 입장문에서 '북한의 쓰레기풍선을 근절하는 근본적인 대책은 '적이 얻을 수 있는 것이 없다'는 것을 보여주는 것'이라고 발표했다. 앞서 두 번째 입장문에서 원점타격에 대해 은근하게 암시했으니 북한이 단념할 것이라는 의미였다.

합참은 또 '선'을 강조했다. 입장문 말미에 '북한의 쓰레기풍선으로 인해 우리 국민 안전에 심각한 위해가 발생하거나 선을 넘었다고 판단될 경우 우리 군은 단호한 군사적 조치를 시행할 것임'이라는 문장이 나온다.

북한이 마지막으로 오물풍선을 부양한 11월 28일 합참도 마지막 입장을 발표했다. 합참은 '북한의 행위는 선을 넘고 있으며, 이후 발생하는 모든 사태의 책임은 북한에 있음을 다시 한번 엄중 경고한다'며 '우리 군의 인내심을 더 이상 시험하지 말라!'고 했다.

합참은 '국민의 생명과 안전'을 내세웠지만, 겉 다르고 속다른 이중 플레이를 했다고밖에 볼 수 없다. 앞서 살펴봤듯이, 합참은 북한 오물풍선 부양의 원인이 우리 민간단체의 대북전단에 있다는 걸 알면서도, 이를 제지하지 않고 윤석열 정권 코드에 맞춰 북한의 도발을 유도하는 강경책만 남발했기 때문이다. 이 시기 합참은 정상적인 위기관리기관이라고 보기 어려웠다.

[북한 오물풍선 관련 합참 입장문]
2024년 7월 19일
- 북한은 우리 군의 거듭된 경고에도 불구하고 어제 오후부터 오늘 새벽까지 또다시 풍선을 이용하여 종이쓰레기를 살포했음.
- 특히, 집중호우로 인해 우리 국민들 뿐만 아니라 북한 주민들에게도 심대한 피해가 발생하고 있는 상황에서 북한은 또다시 저급하고 치졸한 행위를 반복하고 있음.
- 북한 정권은 쓰레기를 살포할 여력이 있다면 경제난과 식량난으로 도탄에 빠져 있는 북한 주민들을 이용만 하지 말고 먼저 살펴야 할 것임.
- 우리 군은 수차례 경고한 바와 같이 북한의 쓰레기 살포에 대해 대북 확성기 방송을 실시했음.
- 만약 북한이 우리 경고를 무시하고 또다시 이러한 행태를 반복한다면 우리군은 필요한 모든 조치를 통해 반드시 응분의 대가를 치르게 할 것임.
- 이런 사태의 모든 책임은 전적으로 북한 정권에 있음을 분명히 밝히며, 이와 같은 비열한 방식의 행위를 즉각 중단할 것을 강력히 촉구함.
- 우리 군은 굳건한 한미연합방위태세 하에 북한의 다양한 활동에 대해 예의주시 하면서, 어떠한 도발에도 압도적으로 대응할 수 있는 능력과 태세를 유지할 것임.

2024년 7월 28일

- 우리 군은 북한의 대남 쓰레기 풍선 부양 시부터 이동경로를 추적·감시하고, 유관기관과 정보를 공유하면서 국민 안전대책을 강구했음.
- 특히, 용산 지역으로 북한의 대남 쓰레기 풍선이 유입되어 관계기관과 긴밀히 공조하여 안전 위해요소를 평가하고, 사전에 배치된 화생방 부대를 포함한 초동조치부대를 활용하여 절차에 의거 신속·안전하게 수거했음.
- 우리 군은 북한의 대남 쓰레기 풍선으로부터 우리 국민의 안전을 확보하기 위한 조치를 지속 시행할 것이며, 북한의 저급하고 치졸한 반인륜적인 행위를 즉각 중단할 것을 엄중히 경고함.

2024년 9월 23일

- 북한은 지난 5월 28일부터 오늘(9. 23.)까지 22차례에 걸쳐 총 5천 5백여 개의 쓰레기풍선을 부양했음.
- 이는 국제적으로도 망신스럽고 치졸한 행위로 우리 국민에게 불편과 불안감을 조성하는 치졸한 반인륜적인 행위임.
- 쓰레기풍선 살포 행위가 장기화되면서 일부에서는 공중격추 등 군의 물리적 대응을 요구하고 있으나, 공중격추로 인해 예상치 못한 위해물질이 확산될 경우 우리 국민의 안전에 더 큰 문제가 될 수 있음.
- 우리 군은 북한군의 활동을 예의주시하면서 풍선부양 원점에서부터 실시간 추적·감시하면서, 낙하 즉시 안전대책을 강구한 가운데 수거하고 있음.
- 이는 우리 국민의 안전을 최우선으로 판단한 조치이며, 군을 믿고 의연하게 대처해주신 국민께 감사드림.
- 북한의 쓰레기풍선으로 인해 불편함과 어려움이 있을 수 있으나, 북한의 쓰레기풍선을 근절시키는 근본적인 대책은 '적이 얻을 수 있는 것이 없다'는 것을 보여주는 것임.
- 그럼에도 불구하고 북한의 쓰레기풍선으로 인해 우리 국민안전에 심각한 위해가 발생하거나 선을 넘었다고 판단될 경우 우리 군은 단호한 군사적 조치를 시행할 것임.

2024년 11월 28일
- 북한은 우리 군의 거듭된 경고에도 불구하고, 오늘 새벽 또다시 오물·쓰레기 풍선을 부양했음.
- 북한은 치졸하고 비열한 7천여 개의 오물·쓰레기 풍선을 부양하여 우리 국민의 불안과 함께 인적·물적 피해를 발생시켰으며, 국빈행사장에도 떨어뜨리는 등 결코 간과할 수 없는 도발 행위를 자행했음.
- 북한의 행위는 선을 넘고 있으며, 이후 발생하는 모든 사태의 책임은 북한에 있음을 다시 한번 엄중 경고함.
- 우리 군의 인내심을 더 이상 시험하지 말라!

합참의 이중플레이 2 – 미국 무시하고 DMZ 들어간 대북 확성기

유엔군사령부도 합참의 이중플레이를 미심쩍은 눈으로 지켜보고 있었다. 유엔사는 2024년 6월 국군심리전단의 대북 확성기 방송 재개와 관련해 이상징후를 포착하여 특별조사를 했다. 국군심리전단 요원들이 유엔사 승인 없이 비무장지대에 무단으로 출입하고, 거기서 대북 확성기 방송을 재개했기 때문이다.

이 사실은 10월 11일 작성된 합참 내부 문건이 폭로되면서 알려졌다. 합참이 유엔사 특별조사 관련 주요 경과, 대응 논리 등을 정리한 이 문건에는 유엔사 지적 사항을 완전히 무시하고 대북 확성기 방송을 지속하겠다는 방침이 담겼다. 이에 문제의식을 느낀 내부인이 이 문건을 외부에 알렸다.

문건에 따르면, 윤석열 정권이 북한 오물풍선 부양을 명분으로 대북 확성기 방송 재개를 결정한 직후인 6월 9일 국군심리전단은 유엔사에 비무장지대 출입을 요청했다. 그러나 유엔사는 이를 위기를 고조하는 군사활동으로 간주해 승인하지 않았다. 그러자 우리 군은 유엔사를 무시하기로 했다.

우리 군은 유엔사 승인 없이 비무장지대에 출입했으며, 비무장지대 내에서 대북 확성기를 설치하고 방송을 재개했다. 유엔사는 유엔군사령관 승인 없이 국군심리전단이 비무장지대에서 벌인 이러한 행위를 정전협정 위반이라고 판단했다. 국방부와 합참은 비무장지대 출입 사실을 부인하지 않았다.

이를 묵과할 수 없었던 유엔사 군사정전위원회는 이와 관련해 특별조사를 하고, 2024년 10월 10일 그 결과를 우리 국방부에 통보했다. 특별조사 결과가 전달된 다음 날인 10월 11일 김용현 국방부 장관은 국방부 정책실장으로부터 관련 경과를 보고 받았다.

김용현은 그 자리에서 유엔사 군정위 조사 결과를 수용할 수 없으며, 조사 결과를 반송하라고 지시했다. 여기서 그치는 게 아니라 합참의장, 정책실장, 정책기획관 및 작전부장에게 각각 유엔사에 항의하라고 주문했다. 이들은 당일 유엔사에 유선으로 항의를 전달했다.

이 문건에는 장관의 지침대로 항의 의사를 표시한 상황까지 기록돼 있다. 개요에서 합참의 대응 논리라는 단서를 달긴 했지만, '수용

불가와 강력 대응'이라는 김용현 장관의 지침에 철저하게 맞춘 내용이었다. 장관의 지침에 무리하게 맞춘 탓인지 곳곳에 기초적인 사실관계 오류와 모순이 담겼다.

우선 합참은 대북 확성기 방송은 자위권적 조치이며 유엔사 승인이 불필요하다고 주장했다. 그러나 「유엔사 규정 551-4」에는 '심리전 용도로 비무장지대 내에서 확성기를 사용하기 위해서는 유엔군사령관의 승인을 얻어야 한다'고 명시돼 있다.

〈유엔사 규정 551-4, 2023.7.14〉

3-14. 비무장지대 내 확성기 방송

a. 상주 GP[9]/OP[10]의 확성기는 경고방송 및 귀순자 유도 등의 우발상황에서 사용할 수 있다.
b. 본 규정 제 3-5항(비무장지대 내 공사)에 따라, 기존 기반시설이나 장비를 수리하거나 교체 장비를 설치하는 경우에는 우선 유엔사군정위 비서처를 경유해 협조하고 유엔군사령관의 승인을 득해야 한다.
c. 심리전 용도로 비무장지대 내에서 확성기를 사용하기 위해서는 유엔군사령관의 승인을 얻어야 한다.
d. 비무장지대 내 심리전 확성기 설치, 운용 및 유지에 관한 구체적인 지침은 다음과 같다.
(1) 비무장지대 내의 선전용 확성기 진지를 교체, 보완, 수리 또는 운용 재개하기 위해서는 우선 유엔사 군정위 비서처를 경유해 신청서를 제출, 유엔군사령관의 승인을 득해야 한다. 유엔사 군정위 비서처는 제출된 신청서를 검토해 정전협정, 후속합의서 및

---

9) Guard Post(감시초소).
10) Observation Post(관측소).

> 현행 방침 준수 여부를 확인한 후 유엔군사령관의 최종 승인을 건의한다.
> (2) 재승인을 받더라도, 심리전 확성기는 북한군의 사격 표적이 될 수 있으므로 GP나 안보견학장과 함께 위치해서는 안 된다.

합참은 대북 확성기 방송 효과는 유엔사가 평가할 사항이 아니라고 주장했다. 말장난 같은 논리가 아닐 수 없다. 작전 효과에 대한 평가는 물론 작전부대나 합참의 소관 업무다.

그러나 정전협정에 따라 그 효과에 따른 한반도 위기관리(crisis management)는 유엔사 소관 업무다. 유엔사가 위기관리 차원에서 지적했다는 사실을 합참이 모를 리 없었다. 유엔사의 특별조사 취지는 이 작전이 한반도 안정을 해치는지 판단하는 것이었다. 합참은 대북 확성기가 북한 오물풍선 중단에 효과적이지 않다는 유엔사의 지적에 이른바 긁힌 셈이다.

또한 합참은 유엔사 특별조사 결과 유출 시 북한이 노리는 남남갈등의 노림수에 휘말릴 수 있고, 동맹을 약화하려는 적대세력에 악용될 수도 있다고 강조했다.

유엔군사령관은 한미연합사령관 직위를 겸한다. 당시는 폴 J.라캐머라(Paul Joseph LaCamera) 미 육군 대장이 유엔군사령관으로서 한반도 정전 체제를 관리하고, 한미연합사령관으로서 유사시 한·미 대통령의 지침을 받아 연합작전을 총괄했다.

국방부와 합참은 정전협정을 준수하지 않고 대북 확성기에 대한 유엔사의 판단도 존중하지 않음으로써 스스로 동맹을 약화했다. 그런데 적대세력이 동맹 약화에 악용한다는 정반대의 핑계를 댄 것이다.

가장 충격적인 건 유엔사 규정 D였다. 이에 따르면 '심리전 확성기는 북한군의 사격 표적이 될 수도 있으므로 GP나 안보견학장과 함께 위치해서는 안 된다'. 즉, 우리 군이 병력을 비무장지대에 투입하고 대북 확성기를 설치·방송한 행위는 우리 병력을 북한군의 사격에 무방비 상태로 노출한 것이나 다름없다. 우리 병력의 안전이 위태로울 뿐 아니라, 북한이 우리 병력에 위해를 가하면 남북 간 군사적 긴장도가 급격히 높아질 가능성도 있었다.

2024년 6월 이후 우리 군이 비무장지대까지 들어가 대북 확성기로 방송했음에도 북한은 여전히 이렇다 할 반응을 보이지 않았다. 북한이 수세적으로 나오는 가운데, 우리가 오히려 북한을 대북전단 풍선과 대북 확성기로 톡톡 건드리고 있었다.

10월 8일 김정은 국무위원장이 "솔직히 우리는 대한민국을 공격할 생각이 전혀 없다"고 직접 언급했다. 다음날인 9일 '유엔사-북한군 통신선'을 통해 보낸 통지문에서 '9일부터 남쪽 국경선 일대에 우리 측 지역에서 대한민국과 연결됐던 동·서부의 도로와 철길을 완전히 끊어버리기 위한 공사를 진행할 것'이라고 밝혔다. 15일 도로와 철길은 폭파됐다. 2025년 11월 5일 '적은 매우 수세적'이라고 메모장에 썼던 여인형 방첩사령관의 평가는 틀리지 않았다. 여기서 적이 더불어민주당이 아니라 북한이라면 말이다.

위태롭게 지켜진 군사적 합리성

합참은 오물풍선 타격계획을 갖고 있었다. 합참은 2024년 6월 4일 정부가 '9.19 군사합의에 대한 전면 효력정지 선언'을 하고 몇 달 후에 '적 오물풍선 원점타격 계획(군사 2급 비밀)' 문건을 만든 것으로 알려졌다. 북한이 첫 오물풍선을 보낸 5월 28일 이후 일주일만이다.

합참이 당시 원점의 범위를 어디까지 보고 있었는지, 어떤 수단으로 타격하려 했는지는 아직도 알려지지 않았다. 다만 참고했을 문건을 살펴보면 힌트를 얻을 수는 있다. 합참은 이를 바탕으로 일주일 만에 타격계획을 수립할 수 있었다고 전해진다.

그 문건은 2023년 11월 15일 합참이 만든 '서북도서 지역 화력도발 시 적 4군단 합동타격계획', 그리고 2024년 1월 4일 합참이 만든 '합참 적 전방군단(4·2·5·1군단) 합동타격계획'(이하 전방군단 합동타격계획)이라고 한다. 합참은 2023년 11월 22일 윤석열 정부가 9·19 군사합의 효력 정지를 선언하기 직전부터 이상의 문건을 고도화한 것으로 전해진다.

4군단 합동타격계획은 서북도서 지역과 마주한 북한 4군단사령부와 예하 지휘소 및 지원시설(통신중계소, 병영시설 등)까지 4군단 전체를 초토화하는 계획이다. 우선, 적 방공망(SA-5)을 현무-Ⅱ로 제압한 이후 군단 및 사단 지휘소를 공군 전투기로 타격한다. 그리고 나머지 표적은 지작사가 중심이 되어 K-9 자주포, 천무(MLRS·다연장 로

켓), 스파이크 미사일로 동시에 타격하는 계획이라고 한다.

현무-Ⅱ 탄도미사일은 북한 장거리 방공망과 주요 레이더 거점을 무력화하는 타격 수단이다. 공군 F-15K, KF-16은 북한의 군단 지휘소, 통신중계소 등 정밀한 표적을 폭격할 수 있다. 그리고 K-9 자주포, 천무, 스파이크 미사일은 즉시 응사 가능한 화력 자산이다.

그야말로 전시상황에서나 고려할 만한 총동원이었다. 오물풍선처럼 낮은 수준의 군사적 위협에 대응하기엔 과도했다. 작성부서조차도 "절대 실행하면 안 되는 계획"이라고 평가했다고 알려졌다.

합참은 4군단 합동타격계획에 매우 상세한 '결심지원표'를 작성해 첨부했다. 국제법상 자위권 행사 요건 등도 이례적으로 결심지원표에 포함됐다고 전해진다. 전방군단 합동타격계획은 북한 4, 2, 5, 1군단 지역에서 적의 도발이 있을 경우 그와 대응하는 부대에서 각각 강력히 대응한다는 계획이다. 타격 범위가 군단에 한정된다고 해도 타격 범위가 매우 광범위하고, 북한이 다른 지역을 재차 공격할 여지가 있다. 그래서 실무자들은 이를 전면전에 준한다고 평가했다고 한다.

바로 이 계획들의 연장선에서 북한 오물풍선 원점타격 계획이 수립된 것이다. 김용현은 2024년 9월 6일 국방부 장관에 취임한 이후 합참에 북한 오물풍선 원점타격을 지시했다.

제보에 따르면, 2024년 11월 18일 새벽, 김용현은 합참 전투통제실에 내려가 지작사령관에게 오물풍선을 직접 격추하라고 지시했다고 한다. 이 지시를 전달받은 합참 지상작전 담당 오수철 대위와 지작사 참모들은 경악했다.

이들은 '격추'를 '경고사격'으로 바꾸기 위해 갖은 핑계를 댔다. 천신만고 끝에 오물풍선에 경고사격하는 것으로 조정했다. 이에 전방부대들은 방공무기인 천호와 비호를 고각(75도)으로 세우고 대기했다. 다행히 이날 사정권에 들어오는 북한 오물풍선은 없었다.

하지만 김용현은 멈추지 않았다. 그는 이날 오후 이승오 합참 작전본부장을 불러 오물풍선 부양 시 자신이 직접 전투를 통제하겠다고 말했다. 본인이 직접 지작사령관에게 지시해 기어코 원점타격을 하겠다는 것이었다.

이후 합참의장과 작전본부장은 명확한 반대의사를 표하기 시작했다. 이들은 북한 오물풍선을 타격하려면 국가안전보장회의와 국회 사전통보를 거쳐야 한다며 버텼다.

그럼에도 김용현은 11월 28일 밤 또다시 합참 전투통제실로 내려갔다. 오 대위는 또다시 천호와 비호 사격준비를 마쳤다는 이야기를 들었다. 이번에도 합참과 지작사는 장관 지시를 이행하지 않기 위해 눈물겨운 노력을 했다.

김용현은 합참 전투통제실에서 위태롭게 지켜지던 군사적 합리주의와 이성의 끈을 파괴하려고 했다. 다행히 합참과 지작사는 동조하지 않았다. 오물풍선 원점타격이 좌절됨으로써 전시계엄으로 가는 핵심 경로 하나가 차단됐다.

3장
가장 과격한 '북풍', 평양 무인기 작전

　이제 전시계엄으로 가는 또 다른 경로이자 이 책의 핵심인 평양 무인기 작전에 대해 설명하고자 한다. 우리는 먼저 거시적 차원에서 '북풍'의 하나로 이 작전을 조망한 후 구체적인 사안을 들여다 볼 것이다. 이 장에서는 평양 무인기 작전이 북풍으로서 어떤 의미와 특징을 갖는지 살펴본다.
　북풍은 한국 사회에서 선거 등 정치적 국면에 영향을 주기 위해 북한을 실제 또는 상징적으로 활용해 인위적으로 안보 위기를 고조하는 정치·정보 공작이라고 말할 수 있을 것이다.
　그런 점에서 평양 무인기 작전은 북풍이었다. 그것도 반세기 넘는 북풍의 유구한 역사에서 가장 과격한 북풍이었다. 드론사와 비교할 수 없이 막강한 권한을 가졌던 국가안전기획부, 국가정보원 등이 기획한 북풍 공작보다 더 과감하고 파급력을 가늠할 수 없는 직접적이고 위협적인 북풍 공작이었다.

'북한의 공격 유도'가 목표였다는 점에서 평양 무인기 작전은 1997년 총풍 사건[11] 과 유사하다. 다만, 총풍 사건의 경우 정권이 개입하지는 않았다. 당시 북한 인사들에게 휴전선 총격을 요청한 남한 측 인사가 김영삼 정권이나 이회창 후보 측과 교감하거나 사전에 모의했다는 증거는 드러나지 않았다. 그야말로 즉흥적이고 우발적인 사건이었다. 평양 무인기 작전은 '국가기관이 조직적으로 북풍 유도에 투입'됐다는 점에서 2012년 국가정보원 댓글공작 사건과 닮은 면이 있다.

그러나 말로 북한에 휴전선 총격을 부탁한 총풍이나 인터넷 기사 댓글로 북풍을 일으키려 한 것과 북한 수도에 직접 무인기를 침투시킨 건 아예 차원이 다르다. 북한이 평양 공역 침범을 상징적 타격으로 간주하고 군사적으로 보복한다면, 우리 군도 자동으로 대응할 수밖에 없다. 국지도발 이상의 충돌로 비화할 개연성이 얼마든지 있었다.

하지만 무모하게도 이 작전의 기획자들은 이 정도 위기는 통제 가능하다고 판단한 것으로 보인다. 그들은 크게 착각했다. 과거의 북풍 공작 기획자들은 북한을 직접 끌어들이지는 않았기에 상황을 통제할 수 있었다. 그런데 평양 무인기의 작전 기획자들은 북한이 직접 개입할 공간을 열었다.

---

11) 1997년 12월 12일 청와대 행정관 등 3명이 중국 베이징에서 북한 인사들을 만나 15대 대선 직전에 휴전선 무력시위를 해달라고 요청했다.

북풍이라고 할만한 사건들은 그 양상이 각각 다르다. 그중 대선 직전에 발생한 사건만 모아 분류하면 세 가지 유형이 있다.[12]

첫째, 안기부 등 정보기관이 간첩단 사건을 조작·과장하는 방식으로, 박정희·전두환 군사정권에서 적극 활용했다. 둘째, 정부 측에서 북측에 무력시위를 직접 부탁하거나 북한을 군사적으로 자극해 공격을 유도하는 방식이다. 1997년 총풍사건과 2024년 평양 무인기 침투 작전이 이에 해당한다. 셋째, '종북 프레임'을 동원해 사이버공간에서 야권과 비판 세력을 위축시키는 방식이다. 2012년 국가정보원 댓글공작이 대표적이다.

먼저, 첫번째 유형인 간첩단 사건 조작·과장 사례는 1971년 대선 7일 전에 발표된 '재일동포 유학생 간첩단 사건'[13] 을 들 수 있다. 1971년 4월 20일 국군보안사령부는 "학생, 지식인, 노동자층에 침투, 민중봉기와 사회 혼란을 조성해 대한민국 전복을 획책하기 위해 암약해온 재일교포 유학생 등이 포함된 북괴의 대규모 간첩단 4개 망 51명을 서울, 부산, 제주 등지에서 검거했다"고 발표했다.[14]

그런데 이 사건은 재일동포 유학생을 간첩으로 조작하기 위해 민간인에 대한 수사권이 없는 보안사령부가 안전기획부 명의로 피고인

---

12) 사건 선정 기준은 법원의 무죄판결, 과거사진상규명위원회 등 공신력 있는 조사기관의 조작 사실 인정 등이다.
13) 2009년 9월 23일 진실화해를 위한 과거사위원회가 간첩죄 조작이라고 진상규명을 결정했으며, 대법원도 2010년 7월 15일 이종수에 대해 무죄판결을 내렸다(서울고등법원 2010.7.15선고 2009재노42 판결).
14) 조선일보, 1971.4.21.

을 불법 연행해 39일간 강제 구금한 상태에서 고문으로 자백을 받아낸 사건이다. 이 중 몇몇이 조총련 인사들과 접촉하고, 지적 호기심으로 북한을 연구한 것이 간첩행위로 둔갑한 것이다.

두 번째 사례로는 대한항공(KAL) 858기 폭파범 국내 압송 사건을 들 수 있다. 1987년 제13대 대선 하루 전에는 KAL기 폭파범 김현희가 김포공항을 통해 국내에 압송됐다. KAL기 폭파 자체에 안기부 등이 관여했다거나 KAL기 폭파를 안기부가 사전에 알고도 조치하지 않았다는 증거는 발견되지 않았다. 그러나 안기부는 이 사건을 대선에 적극 활용하려 했다.

국정원 과거사건 진실규명을 통한 발전위원회는 "김현희를 대통령 선거 전날인 12월 15일까지 압송해 오려 했음이 확인되는 다수의 문건을 확인"했으며 "범정부 차원에서 각 부처 합동으로 구성된 KAL기 실종 사고 실무 대책본부를 통해 대선에서 여당 후보의 당선을 지원하기 위해 정치적으로 활용하는 방안을 추진했던 사실을 확인"했다.[15] "안기부는 대통령 선거를 앞두고 '대선사업환경'을 유리하게 조성하기 위해 사건 직후인 1987년 12월 2일부터 KAL기 실종 사건이 북한의 공작임을 폭로·홍보하는 '무지개 공작'을 추진"했다.

세 번째 사례로는 1992년 14대 대선에 활용된 '남한 조선노동당 사

---

15) 국가정보원, 과거와 대화 미래의 성찰(학원, 간첩편) VI, 534–546.

건'이다. 안기부는 대선을 두 달 앞둔 1992년 10월 6일 김낙중, 손병선, 황인오를 중심으로 하는 3개 간첩망 검거를 포괄해 남한 조선노동당 사건을 발표했다. 안기부는 북한이 1995년 적화통일을 목표로 남한 내 남로당 이후 최대 규모의 조선노동당을 결성했으며, 3개 간첩망 조직원이 400여 명이라고도 했다.

그러나 3개 간첩망은 각각 분리된 조직이고, 숫자도 과장됐다. 안기부는 '간첩단과 정치인 관련설'과 같은 미확인 첩보, 그리고 민주당의 의지나 정체성과 무관한 '북한의 민주당 지지 지령'과 같은 사안을 공개하며 대선에 영향을 끼쳤다.[16]

정부 측에서 북측에 무력시위를 요청하거나 북한을 군사적으로 자극해 공격을 유도하는 두 번째 유형으로는 1997년 대선 일주일 전에 발생한 '총풍 사건'이 있다. 이 사건은 널리 알려져 있으나 사실 사전에 치밀하게 기획된 공작은 아니었다. 판결문에 따르면, 이 사건은 우발적인 해프닝에 가까웠다.

1997년 12월 10일 한성기(진로그룹 회장 고문), 대북 사업가 장석중이 중국 베이징 캠핀스키 호텔에서 북한 대외경제위원회 소속 이호남(당시엔 이철운이란 가명 사용)과 조선아시아태평양평화위원회 참사 박충 등을 만났다. '신한국당 이회창 총재 특보' 명함을 쓰던 한성기 씨가 참사 박충과 단둘이 있게 되자 이렇게 이야기했다.[17]

---

16) 국가정보원, 과거와 대화 미래의 성찰(학원, 간첩편) VI, 634–636.
17) 서울고등법원 2007. 1. 19. 선고 2005나39213 판결.

"현재 선거는 이회창 후보에게 매우 불리하게 돌아가고 있다. A 국장과 DH 의원도 걱정이 많다. 도와달라. 그래서 대안을 만들려고 하는데 그 대안은 북풍을 일게 하는 것인데 휴전선에서 무장한 1개 소대가 왔다 갔다 하면서 긴장을 조성하는 것이다. TV 영향력은 대단하다. 9시 저녁 뉴스에 나가면 결정적으로 유리하게 된다. 시기는 12월 14일이나 15일이 좋겠다. 김대중의 친북 활동 자료도 있으면 도와주었으면 좋겠다."

한성기와 장석중이 베이징 방문 전에 오정은 청와대 행정관을 만났기 때문에 당시 김영삼 정부가 관여했는지 큰 관심이 쏠렸다. 그러나 서울고등법원은 사전 모의가 있었다고 보기는 어렵다고 판단했다. 우선 오정은 행정관이 이회창 후보 측의 지시를 받거나 보고하려 한 증거가 없었다. 오히려 오 행정관은 한성기가 휴전선 무력시위가 필요하다고 하자 신중할 필요가 있다며 베이징에 가서 북한에 실제 그런 움직임이 있는지 알아봐달라고만 부탁했다.

한성기와 장석중은 서로 모르던 사이였고 오 행정관은 두 사람을 알았다. 오 행정관이 1997년 11월 한성기를 장석중에게 소개했다. 그리고 이들은 별도로 만나 대북사업을 함께 하기로 의기투합해 베이징에 갔던 것이다. 두 사람은 북측 인사를 만나 자신들의 사업 이야기도 하고, 오 행정관 부탁대로 북한 내 동향 파악을 하려 했다.

한씨가 북측 인사에게 휴전선 무장 시위를 요청한 것은 분명한 사실이었다. 그러나 대법원은 이들이 사전에 휴전선 무장 시위를 요청하기로 계획을 세웠다고 보지 않았다. 다만, 이들이 사전에 3차례 정도 모여 중국 방문 시 북한이 남한 대선에 어떻게 대응하는지 파악해 보자고 모의한 데 대해 국가보안법의 회합·통신죄를 적용한 건 수용했다. 대법원은 "한씨가 도를 넘어 충격 요청을 언급하기는 했으나 실제로 일어나지 않았고, 세간에 '총풍'으로까지 비화, 지나친 사회적 비난과 장기간의 옥살이를 받은 것을 감안, 집행유예를 선고한다"고 판결했다.

2012년 국가정보원 여론조작 사건은 제18대 대선을 앞두고 국정원 심리전단이 주도적으로 기획한 '종북 프레임' 공작이었다. 2011년 하반기, 국정원은 민간인으로 구성된 최대 30개의 '사이버 외곽팀'을 운영했고, 이들이 사용한 아이디는 3,500개에 달했으며, 연간 약 30억 원의 자금이 투입됐다. 외곽팀은 트위터·포털 댓글·온라인 게시판을 무대로 야권 후보를 '친북·종북'으로 낙인찍는 댓글을 대량으로 작성했다.

국정원이 작성한 댓글은 "문재인의 주군은 김정일" "북한 정권 나팔수 문재인" "문재인 대북관은 종북을 넘어 간첩 수준" 등 주로 문재인 후보를 친북으로 연결 짓는 방식이었다. 또 "문재인이 대통령이 되면 안보가 불안하다"는 식으로 안보 불안을 조장하는 글도 다수 작성됐다. 2018년 4월 19일 대법원은 공직선거법, 국가정보원법(정치관여) 위반 혐의를 인정해 원세훈 전 국정원장에게 징역 4년을 선고했다.

이상의 북풍 사례는 대응적 성격이거나 우발적 행위였지, 작정하고 벌인 일은 아니었다. 간첩단 사건 조작은 관련된 단체와 인물을 조사하고 사법처리하는 과정에서 혐의를 부풀리거나 꾸며낸 것이다. 2012년 국정원의 대선여론조작 사건은 이미 존재하는 인터넷 여론을 조작하려고 벌인 일이다. 1997년의 총풍 사건은 한 사람의 우발적 언행에서 비롯됐다. 북풍 가운데 오직 평양 무인기 작전만이 대응도 아니고 우발적 조치도 아니었다.

무엇보다 과거 북풍 사례는 휴전선 이남이나 해외에서 이뤄졌다. 총격 요청도 북한이 거절한 탓에 그 무엇도 군사분계선을 넘지 않았다. 없는 죄를 만들고 키운 간첩 사건도 어쨌거나 그 수사 범위는 국내였다. 국정원의 댓글공작 대상은 국내 인터넷 사용자들이었다. 오직 드론사의 무인기만이 2024년 10월 기어코 군사분계선을 넘어 평양까지 날아갔다.

북풍의 역사적 사례

북풍 사건	일시	직후 정치적 이벤트(선거, 계엄)	일시	간격(일)
1971년 재일교포 유학생 간첩단 사건	1971.4.20	제7대 대통령 선거 : 박정희 vs 김대중	1971.4.27	7
1987년 KAL기 폭파범 김현희 국내 압송	1987.12.15	제13대 대통령 선거: 노태우 vs 3김(김영삼, 김대중, 김종필)	1987.12.16	1
1992년 남한조선노동당 중부지역당 사건	1992.10.6	제14대 대통령 선거 : 김영삼 vs 김대중 vs 정주영	1992.12.18	72
1997년 총풍 사건 (북측에 무력시위 요청)	1997.12.10	제15대 대통령 선거 : 이회창 vs 김대중	1997.12.18	8
2012년 국가정보원 대선 여론조작 사건	2011.11.1~2012.12.11	제18대 대통령 선거 : 박근혜 vs 문재인	2012.12.19	8
2024년 평양 무인기 침투 작전	2024.10.3.~11.19	12·3 비상계엄 선포	2024.12.3	61

4장
외환유치죄와 일반이적죄 사이에서

　윤석열·김용현은 교묘한 수를 던졌다. 평양 무인기 작전은 '외국'을 전제로 한 형법 제92조 외환유치죄를 적용하기가 쉽지 않다. 설령 북한을 외국으로 볼 수 있다 하더라도 '통모(通謀)'를 입증하기 어렵기 때문이다. 자칫 전쟁으로 비화할 뻔했던 평양 무인기 작전을 외환유치죄가 아닌 일반이적죄(형법 99조)로 처벌할 수밖에 없는 이유다. 이 법리의 공백은 반드시 메워져야 할 것이다.

> **형법(제2편 각칙 제2장 외환의 죄)**
>
> 제92조(외환유치) 외국과 통모하여 대한민국에 대하여 전단을 열게 하거나 외국인과 통모하여 대한민국에 항적한 자는 사형 또는 무기징역에 처한다.
>
> 제99조(일반이적) 전 7조에 기재한 이외에 대한민국의 군사상 이익을 해하거나 적국에 군사상 이익을 공여한 자는 무기 또는 3년 이상의 징역에 처한다.

구체적으로 보면, 이 사건은 제92조 외환유치죄가 요구하는 핵심 구성요건인 '외국과의 통모'를 충족하기 어렵다는 것이 중론이다. 우선 북한을 '외국'으로 볼 수 있는지가 쟁점이다. 헌법 제3조 영토조항의 규범적 효력 등으로 인해 헌법재판소와 대법원은 북한을 '반국가단체'로 판단해 왔다. 다만 대법원이 형법 제98조 간첩죄와 관련해 북한을 '적국'으로 판단한 것을 고려하면 제92조 외환유치죄를 적용할 때 북한을 외국으로 볼 여지도 있다.

문제는 북한과의 통모를 입증해야 한다는 것이다. 통모의 사전적 의미는 '남몰래 서로 통하여 공모함' 또는 '상대편과 사전에 서로의 의사에 대하여 연락을 하는 일'이다.

정보사 요원들이 몽골에서 북한 대사관과의 접촉을 시도했다는 의혹이 있는데, 검찰과 특검 조사에서 김용현 국방부 장관과 문상호 정보사령관 등이 통모를 지시했다는 증거는 발견되지 않았다. 또 북한 기관이나 인사들을 직접 조사할 수 없는 상황에서 북한과의 사전 연락까지 입증하기란 사실상 어려워 보인다.

외환유치죄는 사형 또는 무기징역에 처하고, 일반이적죄는 3년 이상의 징역에 처하므로 형량에서 매우 큰 차이가 있다. 물론 윤석열은 내란우두머리로 유죄가 선고될 개연성이 크다. 형법 제87조 내란우두머리죄는 사형, 무기징역 또는 무기금고에 처한다. 따라서 외환유치죄가 추가된다고 해서 윤석열에 대한 법정형이 크게 달라지지는 않는다.

문제는 재판 결과, 윤석열·김용현·김용대 등이 외환유치죄 조항대로 '대한민국에 항적한 사실'은 인정되지만, 북한이 외국이 아니라는 형식논리와 외국과 통모가 없었다는 사실관계가 인정되는 경우다. 이를 이유로 외환유치죄가 아니라 일반이적죄로 처리된다면 형법 제2장 외환의 죄는 외국과 통모 없이 고의로 전쟁 위험을 유발하는 행위를 처벌하지 못하는 공백이 있다는 비판을 피하기 어렵다.

외환유치죄의 근원, 김일성과 윤석열

외환유치죄의 근원은 1351년 영국 의회가 제정한 '반역법(Treason Act)'이다. 이 법은 내란과 외환의 개념을 최초로 규정한 성문법이다. 반역법은 내란을 '국왕을 상대로 전쟁을 일으키는 것(levying war against the King)'으로, 외환을 '왕의 적에게 붙어 원조와 위안을 제공(adhering to the King's enemies, giving them aid and comfort)'한 것으로 구분한다.

최초의 외환유치죄는 '통모(collusion)'를 필수요건으로 하지 않고, 적의 편을 들었다는 의미의 '붙었다(adhere)'를 요건으로 삼았다. 즉, 적과의 교섭이나 합의를 의미하는 통모 없이도 적을 편들어 국왕을 상대로 전쟁을 일으키는 행위도 외환으로 본 것이다.

반역법은 국왕과 귀족 간의 계약이었다. 반역으로부터 왕실을 보호함과 동시에 왕실이 자의적으로 반역 행위를 정해왔던 권한에 일정한 제재를 가했다. 그런데 1810년 나폴레옹이 프랑스 형법전을 제정하면서 외환유치죄 구성요건이 '붙었다'에서 '통모'로 바뀌었고, 이것이 오늘날까지 이어졌다. 이는 1871년 독일제국 형법, 그리고 1907년 일본 형법으로 이어졌다. 그리고 1953년 대한민국 형법은 일본의 형법을 사실상 그대로 따왔다. 제국 일본의 형법을 그대로 계승한 우리도 '통모'를 외환유치죄의 핵심 요건으로 삼게 됐다.

문제는 우리 형법 외환의 죄는 1953년 제정된 이후 한 번도 개정하지 않았다는 데 있다. 대한민국 국회는 1953년 4월 16일부터 본회의를 열어 형법안에 대한 심의에 착수했다. 그중 외환죄에 대한 축조심의는 1953년 6월 29일 실시됐다.[18] 우리 형법은 1940년 개정된 일본 제국의 형법을 기초로 삼았다. 제국을 대한민국으로 바꾸고 자연스러운 우리말로 조문을 다듬었다. 일본제국은 외환유치죄 조항에 사형만을 두었다.

당시 신광균 의원은 축조 과정에서 "외국인과 통모해서 우리나라에 전쟁을 일으킨 이 자를, 외국인과 통모를 해서 우리나라에 항적하는 이 사람을 사형보다도 총살을 해야 할 것입니다. 그런데 그것을 갖다가 무기징역에 처한다는 것은 말이 안 되는 말이올시다"라고 말했다.

---

18) 신동운 편저, 형법 제·개정 자료집, 2009, 191면.

그러자 법제사법위원장 대리 엄상섭이 "외국인과 통모를 하는 것이 대단히 전율하고 용서할 점이 없는데, 사실은 단독으로 어떠한 사람이 결의한다고 하면 이것과 몇이 모여 가지고 하는 것으로 보면 그중에는 경중의 차가 있어서"라며 무기징역 조항을 두자고 설득한 것이다.

〈일본제국 형법〉(1940년)

제141조 외국과 통모하여 제국에 대하여 전단을 열게 하거나 외국인과 통모하여 항적하게 한 자는 사형에 처한다.

제148조 전7조에 기재한 경우 외에 적국에 군사상 이익을 제공하거나 제국의 군사상 이익을 해한 자는 무기 또는 3년 이상의 유기징역에 처한다.

제152조 전11조의 죄에 대하여는 제국과 전쟁 임박의 상태에 있는 외국 또는 제국에 항적하는 외국인의 단체는 이를 적국으로 간주한다.

〈대한민국 형법〉 외환의 죄(1953~2025년)

제92조(외환유치) 외국과 통모하여 대한민국에 대하여 전단을 열게 하거나 외국인과 통모하여 대한민국에 항적한 자는 사형 또는 무기징역에 처한다.

제99조(일반이적) 전7조에 기재한 이외에 대한민국의 군사상 이익을 해하거나 적국에 군사상 이익을 공여한 자는 무기 또는 3년 이상의 징역에 처한다.

제105조 제96조 내지 전조의 죄에 있어서는 대한민국에 적대하는 외국 또는 외국인의 단체는 적국으로 간주한다.

여기서 '이 사람'은 '김일성'이다. 신 의원은 김일성에 대한 외환유치죄 적용을 언급한 것이다. 제헌헌법상 한반도와 그 부속도서는 대한민국 영토이며, 김일성이 중국, 소련과 통모해 전쟁을 일으켰으니 만약 재판에 회부할 수 있다면, 김일성만큼 외환유치죄가 명쾌하게 적용되는 사람도 없을 것이다.

2026년 국회가 73년 만에 외환죄 개정을 논의한다면, 우리는 필연적으로 '윤석열'을 떠올릴 수밖에 없을 것이다. 정치적 이익을 위해 평양 무인기 작전을 감행하고 북한 오물풍선 원점타격을 시도함으로써 국민을 배반한 행위를 엄정하게 기소하지 못한 법적 공백을 메워야 할 것이다.

형사법 체계는 시대적 배경과 정치적 상황에 따라 개정되어야 한다. 70여 년간 외환죄를 손보지 않은 결과, 통모 없는 외환유치죄를 처벌할 근거가 마련되지 못했다. 앞서 봤지만, 반란죄의 근원으로 거슬러 가면 통모보다 더 포괄적인 '붙었다'라는 개념이 있다. 근원적 개념으로 되돌아가 법조항을 세분하고 보완할 필요가 있다.

일반이적죄의 적용과 한계

평양 무인기 작전을 기획, 준비, 시행한 이들을 기소할 때 적용한 법 조항은 외환죄의 한 종류인 일반이적죄(형법 제99조)다. 무인기 작전이 우리의 군사상 이익을 해한 것도 분명하고, 북한에 군사상 이익을 공여한 것도 분명하다. 그러나 전쟁으로 비화할 수 있었던 작전을 기획하고 시행한 자들을 심판할 법 조항으로는 가볍다고밖에 볼 수 없다.

게다가 우리처럼 일반이적죄를 둔 나라는 이제 별로 없다. 우리가 형법을 제정할 때 주로 참고했던 일본은 1947년 5월 3일 신헌법을 제정한 이후 형법에서 일반이적죄 조항을 삭제했다. 프랑스와 독일의 외환죄에도 우리 형법의 일반이적죄처럼 포괄적으로 군사상 이익을 해한 죄를 규율하는 조항은 없다.

우리 법원은 형법 제98조 간첩죄와 제99조 일반이적죄 중 무엇을 적용할지 따질 때 그 기준을 '직무 관련성 여부'로 판단해왔다. '직무 중 알게 된' 군사기밀을 적국에 누설한 경우에는 형법 제98조 2항 간첩죄에 해당한다. 반면 '직무와 관계없이' 알게 된 군사기밀을 적국에 누설한 경우에는 형법 제99조 일반이적죄가 적용됐다.

대법원은 1982년 일반이적죄에 대해 "직무와 관계없이 알게 된 군사상 기밀을 지득한 자가 이를 적국에 누설한 경우에는 형법 제99조의 일반이적죄에 해당한다고 함이 그동안 누차 당원이 표명해 온 견해이다(1975.5.13. 선고 75도862 판결, 1982.2.23. 선고 81도3063 판결, 1982.7.13. 선고 82도968 판결 각 참조)"라고 판시했다.[19]

최근 일반이적죄로 대법원에서 실형이 확정된 사례로는 2019년

---

19) 대법원 1982. 11. 9. 선고 82도2239 판결.

국군정보사령부 전·현직 요원들의 군사기밀 해외 유출 사건이 있다.[20] 정보사 전·현직 요원들은 중국 내 활동과 관련한 정보를 해외 공작원에게 제공하고 금전적 대가를 받았다. 피고인들은 상고했지만, 대법원은 고등법원이 적법하게 유죄를 선고했다고 판단했다.

2024년 여름 큰 화제가 된 정보사 군무원 군사기밀 유출 사건의 피의자는 군형법 제14조 일반이적죄로 기소됐다. 국방부 검찰단 조사에 따르면, 정보사 군무원은 2017~2024년 중국인으로 추정되는 공작원에게 수십 차례 해외 블랙 요원 리스트를 비롯해 여러 건의 군사기밀을 넘겼다. 2025년 8월 13일 항소심에서 징역 20년에 벌금 10억 원 및 추징금 1억6,205만 원이 선고됐다.

최근 부산지방검찰청은 2023년 3월부터 2024년 6월까지 진해 해군작전사령부와 부산 해군기지에 입항한 미 해군 항공모함 시어도어 루즈벨트함 등을 드론으로 촬영해온 중국인 유학생들에게 일반이적죄를 적용해 구속기소했다.

경기남부경찰청은 2025년 11월 수원공군비행장에서 카메라와 휴대전화로 전투기를 촬영한 10대 중국인 2명을 검찰에 넘기기도 했다. 이들은 수원공군기지 외에도 평택 오산공군기지, 평택 미군기지, 청주 공군기지와 인천, 김포, 제주의 국제공항 3곳에서도 촬영한 것으로 알려졌다.

다소 과장된 표현인지 모르지만, 평양 무인기 작전을 일반이적죄

---

20) 대법원 2019. 10. 31. 선고 2019도11477 판결.

로 처벌한다는 의미는 전·현직 군인과 군무원이 중국에 기밀정보를 넘겨 금전적 대가를 받은 범죄나 중국인들이 드론과 카메라로 군사시설과 장비를 촬영한 범죄와 같은 위계에 올려놓는다는 의미다. 그러나 '통모 없는 외환유치죄'에 대해서는 처벌하지 않는 우리 형법 체계에서는 다른 대안을 찾기 어렵다.

내란 특검은 2025년 11월 10일 평양 무인기 작전과 관련해 윤석열, 김용현, 여인형만 일반이적죄로 기소했다. 특검은 이승오 전 합참 작전본부장과 김용대 전 드론사령관에게는 일반이적죄를 적용하지 않았다. 전시계엄 여건 조성의 목적과 인식이 없었다는 이유에서다.

그러나 특검 스스로 밝혔듯이 통상 일반이적죄는 목적의 유무가 법리의 구성요건은 아니다. 특검은 '군사작전'에 대한 이번 기소가 우리 군의 임무수행에 부정적 영향을 주지 않을지 고심한 것이다.

이에 대해 2025년 11월 10일, 박지영 특검보는 브리핑에서 "(현역 군인들이) 작전을 수행함에 있어서 위축되서는 안 된다는 수사팀의 일치된 의견이 있었다"라고 설명한 바 있다. 특검의 고민과 이승오와 김용대가 제외된 사유는 이해할 만하다. 그럼에도 평양 무인기 작전을 단죄하기에 일반이적죄는 너무 협소하다는 지적을 피하기 어렵다.

외환유치죄, 평화와 민주주의의 방패

[독일 국제형사법전(VStGB, Völkerstrafgesetzbuch)]

제13조 침략 범죄 (Verbrechen der Aggression)

(1) 하나의 공격전쟁(Angriffskrieg)을 수행하거나, 그 성격·중대성·규모 면에서 유엔 헌장(Charter der Vereinten Nationen)을 명백히 위반하는 기타 공격행위(Angriffshandlung)를 저지르는 자는 종신형에 처한다.

(2) 제1항에 규정된 공격전쟁 또는 기타 공격 행위를 계획, 준비, 또는 개시한 자는 종신형 또는 10년 이상의 자유형(최저 10년형)에 처한다.

단, 제1항의 범죄는 다음 중 하나가 성립할 경우에만 처벌된다:
1. 공격전쟁이나 기타 공격행위가 실제로 수행되었거나,
2. 그것이 독일연방공화국에 대한 공격전쟁 또는 기타 공격행위의 위협을 초래한 경우

독일은 2차대전 이후 헌법과 형법을 정비하면서 '공격전쟁(Angriffskrieg)'이라는 개념을 곳곳에 넣었다. 독일이 이를 강조하게 된 것은 2차 세계대전의 역사적 교훈 때문이다. 히틀러 나치 정권이 침략전쟁을 일으켜 전 세계를 파괴로 몰아넣은 경험은 전후 독일 사회에 "다시는 전쟁을 일으켜서는 안 된다(Nie wieder Krieg)"라는 철학적 기반을 마련했다.

그래서 1949년 제정된 독일 기본법(Grundgesetz·헌법) 제26조

1항은 '공격 전쟁을 준비하는 행위는 위헌이며 범죄로 처벌된다'고 명시하고 있다. 이는 "우리는 다시는 전쟁을 일으키지 않겠다. 전쟁의 가능성도 용납하지 않겠다"는 전후 독일의 결의이기도 했다.

독일은 형법에도 공격전쟁 조항을 포함시켰으나, 2017년 법 개정을 통해 이 조항을 삭제했다. 대신 해당 조항을 국제형사법전으로 이관했다. 이는 독일이 국제형사재판소(ICC) 로마규정[21]을 이행하는 과정에서 국제적 기준에 맞추어 자국 법령을 정비한 결과였다. 독일은 자국 헌법의 반전사상과 원칙을 국제형사법적 차원으로 확장한 셈이다.

제13조 제2항 제2호는 특히 주목할 만하다. 독일은 전쟁을 실제로 일으킨 자국민뿐 아니라, 자국을 겨냥한 침략전쟁이나 공격 행위의 위험을 발생시킨 국민에게도 무거운 형벌을 부과한다. 이는 독일이 전쟁 가능성을 철저하게 막겠다는 강력한 의지의 표현이며, 독일 기본법의 반전사상은 해당 조항을 통해 완성된다고 해도 과언이 아닐 것이다.

독일의 제도와 철학은 우리에게도 의미심장한 질문을 던진다. 12·3 내란을 일으킨 세력은 국가를 전시체제로 몰아가도 정치적 이익만 얻을 수 있다면 상관없다는 태도로 일관했다. 그렇다면 우리는

---

21) 로마 규정(Rome Statute)은 1998년 7월 17일 이탈리아 로마에서 채택된 국제형사재판소(ICC, International Criminal Court) 설립에 관한 다자조약으로, 집단살해죄(genocide), 전쟁범죄(war crimes), 인도에 반한 죄(crimes against humanity), 침략범죄(crime of aggression) 등 가장 중대한 국제범죄를 국제적 차원에서 처벌하기 위해 마련되었다. 2002년 7월 1일 발효되었으며, 현재 120여 국이 비준해 국제형사재판소의 법적 기반을 이루고 있다.

어떻게 외환죄 조항을 정비해야 하는가?

  12·3 내란 이후 계엄법은 크게 개정됐다. 12·3 내란의 재발을 막기 위해 계엄 선포 및 해제와 관련한 민주적 통제 강화 내용을 보강했다. 계엄 해제 이후 제출된 계엄법일부개정법률안 62건을 병합 심사한 결과다.

  계엄 선포 전 국무회의 심의 회의록을 의무적으로 작성하게 하고, 국회에 계엄 선포를 통보할 시 회의록을 송부하도록 함으로써 계엄 선포의 요건과 절차 준수 의무를 강화했다. 계엄 선포 이후, 계엄사령관의 지휘·감독을 받는 군인, 경찰, 정보·보안기관 직원 등이 국회에 출입할 경우 징역 3년 이하, 국회의원과 국회 공무원의 국회 출입을 방해하는 자는 징역 5년 이하에 처하도록 해 국회의 계엄 해제 권한을 보장했다.

  계엄 해제 이후에는 국방부 장관, 계엄사령관 및 각 행정기관의 장은 계엄 관련 지휘·감독 내역을 국회에 즉각 보고하도록 했다. 계엄 시 국가권력의 오·남용 견제 장치를 마련한 것이다. 이토록 신속했던 계엄법 개정은 12·3 내란을 다시는 용납하지 않겠다는 의지의 표현이기도 했다.

  이제 남은 과제는 형법에서 외환죄를 어떻게 개정하느냐다. 우리는 형법 개정을 통해 '다시는 권력자가 정치적 이익을 위해 전쟁과 무력 충돌을 시도하는 걸 용납하지 않겠다'라고 선언해야 한다. 개정안에는 평화와 민주주의에 대한 우리의 사상과 역사적 경험이 녹아들어야 할 것이다.

　한편으로는 외환유치죄에 현대전쟁의 변화 양상을 담아야 한다. 현대전은 고전적인 무력 충돌을 넘어 사이버공격, 정보전, 경제전 등으로 다양해지고 있다. '전쟁을 일으킨다'는 개념을 국가안보를 위협하는 외부와 협력하는 행위, 그리고 외부를 자극하는 행위 등까지 확장할 필요가 있다.

　그래야 우리는 외환유치죄를 민주주의와 평화 사상에 기반해 국가와 국민을 지키는 실질적 방패로 만들 수 있을 뿐 아니라, 윤석열과 김용현이 던진 교묘한 수를 해체하고, 민주주의와 평화를 보장하는 새로운 질서도 구축할 수 있을 것이다. 윤석열과 그 일당이 12·3 비상계엄을 전시계엄으로 만들고자 어떤 일들을 벌였는지 구체적으로 파악해야 할 이유가 여기에 있다.

2부

실전에 투입해서는 안 될 무인기

1장
윤석열의 분노와 김용현의 아부

2장
급조한 무인기와 드론사령부

3장
평양으로 날아간 무인기의 스펙

1장
윤석열의 분노와 김용현의 아부

2022년 12월 26일 북한 무인기 5대가 우리 영공을 침범했다. 그중 1대는 용산 대통령실 일대 비행금지구역 P-73까지 진입해 대통령실로부터 3~3.7km 지점 상공까지 들어왔다가 유유히 북한으로 되돌아갔다. 윤석열의 분노는 극에 달했다.

북한 무인기 침투 3일 후인 12월 29일, 윤석열은 국방부 장관부터 육·해·공군 참모총장, 해병대사령관, 방위사업청장, 그리고 국가안보실장까지 대한민국 안보의 최고위급 책임자들을 대동해 국방과학연구소(이하 국과연)를 방문했다.

격노한 윤석열의 갑작스러운 방문은 박종승 연구소장을 비롯한 연구원들을 긴장시키기에 충분했다. 항공기술연구원에서 무인기를 담당해 온 박규돈 박사도 배석했다.

박 박사는 이날로부터 1년 내내 무인기 문제로 이종섭 국방부 장관, 인성환 국가안보실 2차장, 그리고 이보형 드론사 창설단장과 창설단 소속 군인들에게 시달리게 된다. 무인기 연구개발의 책임자인 그는 거의 모든 종류의 무인기와 관련한 연구 경험이 있는 연구자였다. 31년차 연구자인 그는 심상치 않은 예감을 느끼며 군 통수권자의 모두발언을 들었다.

군 통수권자의 말은 거침없었다. 그는 북한의 무인기 침투를 "도발"로 규정하며, 북한이 대가를 치르게 해야 한다고 강조했다. 무인기 침투는 "자유를 침범한 행위"이며, 우리는 자유를 지키기 위해 "자위권 행사를 해야 한다"고도 했다. 또한 "응징과 보복"을 통해 북한의 도발을 단념시켜야 한다고 강변했다.

그런데 윤석열의 이런 지시는 유엔군사령부로부터 제재받을 가능성이 높았다. 북한 무인기 침입 다음 날인 12월 27일 우리 군은 RQ-101 송골매 무인기 4대를 북한에 침투시킨 바 있다. 이에 유엔사는 2023년 1월 26일, 우리 무인기의 북한 침투를 포함해 남북한 모두 정전협정을 위반했다는 내용의 특별조사 결과를 발표했다.

> **[윤석열 모두발언] (2022년 12월 29일)**
> "우리는 북한에 도발에는 반드시 혹독한 대가가 따른다는 사실을 깨닫게 해야 합니다."
> "우리는 침략전쟁은 거부하지만, 우리의 자유를 지키기 위한 자위권의 행사는 확실하고 단호하게 해야 합니다."

"우리의 자유를 침범하는 행위에 대해서 확고한 응징과 보복만이 우리 자유에 대한 공격과 도발을 억제할 수 있습니다."

2022년 12월 29일 대전 국방과학연구소를 방문한 윤석열 대통령을 박종승 국방과학연구소장(가운데)이 안내하고 있다. 맨 오른쪽은 김용현 경호처장. 윤석열 정부 영상 아카이브 캡처.

2022년 12월 29일 대전 국방과학연구소. 윤석열 대통령 오른쪽에 이종섭 국방부 장관, 왼쪽에 김성한 국가안보실장이 앉아 있다. 회의석 밖 왼쪽 끝에서 두 번째가 김용현 경호처장. 윤석열 정부 영상 아카이브 캡처.

경호처장 발언에 국방부 장관이 움직이다

대통령의 뜻을 누구보다도 잘 헤아리는 경호처장이자 합참 작전본부장을 지낸 작전통 김용현이 가장 먼저 감을 잡았다. 대통령의 충암고의 1년 선배, 김용현 경호처장이 결론을 대신하는 듯한 발언을 했다. 김용현은 현역 시절부터 상급자의 비위를 너무나 잘 맞춘다고 정평이 나 있었다.

"북한이 5대 보내면 우리는 100대, 1,000대 보내야 합니다. 우리도 1,000대 정도는 만들어야 합니다."

통상 경호처장이 대통령 행사 때 배석은 해도 발언하는 경우는 거의 없다. 게다가 이건 경호처장이 관심을 가질 사안도 아니고, 사적으로도 공적으로도 입에 담을 이야기가 아니었다. 무기 도입과 군사작전은 민간인 경호처장의 소관 업무가 아니었다. 그러나 정작 이를 소관 업무로 둔 국방부 장관, 방위사업청장, 국가안보실장은 가만히 듣고만 있었다.

국과연 내 무인기 사업 총괄인 박규돈 박사는 "경호처장이 저런 말도 하는구나 싶어 놀랐다"고 당시를 회상했다. 그러나 "군인 출신 특유의 의지 표명 정도로 여기고 더 깊이 생각하지는 않았다"고 한다. 국과연은 연구만 하면 됐고, 아직 무슨 지시가 내려온 것도 아니었다.

그래서 그는 대통령이 다녀간 다음 날인 30일, 애초에 잡혀있던

KT-1 전투기 재머(jammer·무선방해) 관련 보고 일정으로 이종섭 장관실에 들어갈 때 무인기 관련 보고를 전혀 준비하지 않았다.

그런데 보고하러 들어가자, 이 장관은 박 박사에게 대뜸 "소형 무인기 보고는?"이라고 물었다. 박 박사는 "제가 오늘 보고하기로 되어있는 건 재머 관련입니다만..."이라며 말끝을 흐렸다. 이 장관이 화를 내며 소형정찰무인기 1,000대 예산을 뽑아오라고 지시했다. 김용현 경호처장이 말한 사항을 이종섭 장관이 처리하고 있었다.

이 장관의 지시 이후 박 박사는 한 달간 단 하루도 쉬지 못했다. 그는 31일 토요일, 한국항공우주산업(KAI), 대한항공, 그리고 성우엔지니어링에 소형정찰무인기 500대와 1,000대 견적을 뽑아달라고 요청했다.

KAI와 대한항공은 1,000대, 성우는 500대 기준으로 예산을 뽑아왔다. 대당 단가는 성우 2,700만 원, 대한항공 2,000만~2,500만 원, 그리고 KAI는 2,000만 원으로 산정했다. 박 박사는 새해를 무인기 보고서와 함께 맞이했다. 2023년 1월 2일 그는 장관에게 1,000대 생산에 222억 원이 소요된다고 보고했다. 3일에는 국방부, 합참, 방사청 실무자들과의 회의에 참석했다.

이 내용을 포함해 국방부는 1월 4일 대통령에게 '소형 무인기 대응방안'을 종합적으로 보고했다. 이종섭 장관, 김태효 국가안보실 1차장, 김용현 경호처장, 김승겸 합참의장, 엄동환 방사청장 등이 배석했다.

이 장관이 준비한 보고서는 두툼했다. 이 장관은 보고서를 김용현 경호처장에게 건넸다. 김용현은 "대통령 보고서가 4, 5장 넘는 거 처음 봤다"고 핀잔을 줬다. 정권 실세 경호처장다웠다. 이 장관이 보고서를 얼른 받아 그 자리에서 뒷부분 수십 장을 북북 찢었다. 육군 소장 한 사람이 찢어진 페이지를 주워 담았다. 배석한 사람들은 안절부절 못했다.

대통령이 등장했다. 이 장관은 북한 무인기를 탐지하는 레이더에 대해 한참 보고했다. 보고를 듣던 대통령의 인내심에 금이 갔다. 윤석열은 "레이더 얘기하는 게 아니다. 북한이 5대 보내면 우리도 20대 보내야 한다. 드론 킬러 드론 만들어야 하지 않겠느냐"라고 말했다. 윤석열은 국과연에 나타날 때부터 꾸준히 "응징과 보복"을 밀고 있던 것이다.

그러자 이 장관이 "1,000대 만들 수 있습니다"라고 대답했다. 윤석열은 답답해했다. 윤석열은 "한꺼번에 1,000대 만들지 말고, 100대 정도부터 만들어봐라. 떨어트려도 보고, 폭파도 해보고, 여러 가지 해보라"고 말했다. 이 장관은 즉각 "그렇게 하겠습니다"라고 대답했다.

김용현이 국과연에서 처음 말한 무인기 대량 생산은 이 순간부터 공식화됐다. V의 분노를 김용현 경호처장이 구체화한 게 북한 무인기 대응을 위한 전력 획득 방향으로 굳어진 셈이다. 헌법상 대한민국 군 통수권자의 군령권·군정권을 보좌하는 자가 국방부 장관이 맞는지 도저히 알 수 없는 장면이었다. 회의가 끝나고 국과연으로 돌아오는 길에 박 박사는 국방부 장관과 경호처장의 서열을 인터넷에서 검색해 봤다.

> **[대통령 지시사항] (2023년 1월 4일)**
> 감시정찰과 전자전 등 다목적 임무를 수행하는 합동 드론부대를 창설하라.

1월 5일엔 국방부 전력정책관이 국과연에 직접 출장을 갔다. 금요일인 1월 6일 전력정책관은 "공중무인체계 필요 기술이 더욱 발전될 수 있도록 관심을 당부한다"는 내용의 공문을 국과연에 보냈다. 이를 근거 삼아 무인기 도입을 시작하라는 취지였다. 국과연은 따를 수밖에 없었다.

또다시 박 박사가 과업을 맡게 됐다. 그는 8일 일요일 이종섭 장관에게 사업 추진 방안을 보고하면서 사업을 추진할 예산이 없다고 했다. 그러자 장관은 또 화를 내며 알아서 예산을 짜오라고 채근했다.

국과연에 재직한 지 33년째지만, 난생처음 받는 예산 수립 요구였다. 그럴만한 게, 국과연은 무기체계를 도입하는 기관이 아니었다. 같은 무기체계를 여러 대 제작한 적은 있지만, 그건 시험·평가를 위해서지 이번처럼 사실상 무기체계 도입을 목표로 한 사례는 없었다.

통상 무기 도입은 소요군의 소요 제기, 합참의 소요 결정, 그리고 선행 연구와 사업타당성 조사 등을 거쳐 방위사업청이 사업관리를 하는데, 빨라야 3, 4년 걸린다. 대통령의 채근에 국방부는 국과연에 편법으로 무기체계를 도입하라고 지시한 것이나 마찬가지였다. 박 박사는 그래서 예산이 없다고 한 것이다.

2015~2025년 국과연에서 각 군에 무상 증여한 총 128건의 전력자산 목록을 보면, 무인기 100대 무상 증여가 굉장히 이례적임을 확인할 수 있다. 128건은 크게 무기체계와 부품·탄두로 구분된다. 무기체계는 교육 혹은 전시용이며, 부품과 탄두 등은 군수용이다. 따라서 무기체계의 경우 증여 수량이 대부분 5대 미만이다. 2022년 10월 전시를 위해 육군에 K-2 시제품 15기를 증여한 게 가장 수량이 많은 사례다.

예산 문제가 난항을 겪자 국방부, 방위사업청, 국과연 실무자들은 10일 국방부에서 다시 만났다. 전력정책관은 장관 지시사항 후속 조치를 위한 회의를 주재했다. 방사청 예산 담당자는 이렇게 급하게 예산을 쓸 수 있는 건 예비비인데 사용 요건이 안 된다고 했다. 정식 소요로 하면 사업 착수에만 2년 걸린다는 이야기도 나왔다.

이 자리에 모인 실무자들은 자신들이 편법으로 예산을 만들라는 압박을 받는다는 것을 알고 있었다. 그러나 어쩌겠는가? 대통령의 채근에 이들은 무기체계 도입 사업을 연구개발 정책과제로 처리하는 편법을 찾아내고 만다. 바로 국과연 자체 연구개발 정책과제로 부과하는 것이었다. 이 사업이 전력화를 염두에 둔 것이라면, 어떻게 봐도 전혀 맞지 않는 방식이었다.

편법 무기 도입의 총대를 메다

국과연 자체연구개발사업 관리 규정에 따르면 자체연구개발사업은 '기술료[22], 자체 수입금[23] 및 연구개발적립금[24]'을 재원으로 해 연구소의 전략적 필요성에 의해 추진되는 연구개발 사업으로서 과제 선정부터 종결까지 업무를 연구소가 주관해 수행하는 사업'이다. 전력화로 이어지거나 전력화를 염두에 뒀다면 택할 수 있는 사업방식이 아니다.

박종승 전 국과연 소장도 2025년 2월 21일 국회 내란 국조특위에서 "북한 위협에 대해서 단기적으로 기술적인 가능성을 볼 수 있는 소위 가능성 연구입니다"라며 "자체연구개발사업에서 기술적 가능성을 본 것 가지고 전력화해서 군에 배치한 적은 없습니다"라고 말했다.

관리규정 5조는 그 범주를 6가지로 정해두고 있다. 국방과학기술 분야 연구, 착수 전 사전 연구, 무기체계 성능 향상 등 연구, 국산화·수출 관련 연구, 민수 사업화 관련 연구 등이다. 말 그대로 연구다.

다만, 마지막 범주에 '연구소의 전략적 필요성에 의해 자체연구개발사업으로 추진해야 할 필요성이 있는 연구'가 포함되어 있다. 그런

---

22) 연구소가 보유한 지식재산권 사용료를 의미한다.
23) 정관 제4조(사업)에 따른 기술용역사업, 민간 장비의 시험·평가 지원사업 및 정부 부처 연구개발사업의 용역비를 뜻한다. 즉, 국과연이 무기체계 개발 시 기술과 시험평가를 지원하고 받은 대가다.
24) 연구개발사업으로 발생한 자체 수입 초과분, 이자 수입, 잡수입, 비용 절감 수입, 적립금 운영 수입 등 매 회계연도 종료 후 발생한 잉여금 등의 합이다.

데 이조차도 20억 원 이내로 하되 소장이 승인한 경우에만 예산을 초과하도록 했다. 즉, 이 사업의 취지는 소규모로 보조적 연구를 하라는 것이지, 빠른 전력화를 위한 경로로 쓰라는 건 전혀 아니다. 빠른 전력화와 관련해서는 신속획득사업(5년 이내 전력화 목표)이나 신속시범사업(2년 이내 시제품 개발) 등의 경로가 있다.

  이렇게 준비를 마친 국과연은 2월 15일 설계검토 회의를 거쳐 3월 3일 사전규격 공고문을 낸다. 3월 10일에는 제안요청서 설명회를 열었다. KAI, 성우엔지니어링, 니나노컴퍼니, 베셀에어로스페이스 4개 업체가 참석했다.
  그런데 KAI만 성우엔지니어링을 협력업체로 삼아 3월 22일 단독 입찰했고, 3월 28일 국과연과 KAI는 32억 원에 '저가형 소형 무인기 100대 제작' 계약을 체결한다. 4개월 만에 무인기 100대와 발사대, 카메라, 지상통제컴퓨터, 발전기 등 운용지원장비를 납품하는 조건이었다. 무인기 대당 3,000만 원꼴이었다.

  KAI는 4월 20일 약 29억 원에 성우엔지니어링에 이와 똑같은 내용으로 하청 발주를 넣었다. KAI는 단순 사업관리자이며, 실제 제작은 성우에서 한 것이다.
  성우에서 제작한 장거리 정찰용 무인기는 2020년 11월 2일부터 9개월간 육군 지상작전사령부 드론봇전투단에서 4대를 시범 운용한 결과 소음이 크고, 위장 대책이 부족하며, 방수·강우·진동 등에 취약해 '전투용 부적합' 판정을 받은 바 있다. 명색이 정찰무인기인데, 정찰 나가면 적발될 가능성이 높다는 이유에서다.

국과연 엔지니어들은 소음을 줄이고, 탐지율을 낮추려 했다. 국과연은 연구를 통해 단가는 대폭 줄이고 문제점으로 지적된 생존성은 강화하고자 했다. 이 사업에서 채택된 연구개발 방식은 국과연이 이런 취지로 설계하고 생산은 업체가 하는 방식이다.

국과연은 예컨대 EFI(Electronic Fuel Injection) 시스템[25]이 장착된 엔진으로 바꿈으로써 소음도를 개선했다. 상공 2km에 뜬 무인기로부터 들리던 소음이 상공 1km 안팎에서도 들리지 않게 됐다. 엔진 효율이 개선되어 항속거리가 늘었고, 기체 소재에 유리섬유가 포함돼 레이더 반사값(RCS)도 줄었다.

드론사 창설 준비단은 2023년 7월 25일 무인기 100대에 대한 관리전환을 요청하는 공문을 국과연에 보냈다. 전날 국과연이 100대를 납품받은 사실을 귀신같이 알고서 달라고 요구한 것이다.

국과연은 8월 8일 내부적으로 관리전환 심사를 거쳐 9월 19일자로 무인기 100대의 드론사 전환을 완료한다. 국과연 연구개발사업이 무상증여를 통해 전력화가 된 사례는 이것이 처음이다.

박종승 국과연 소장은 2025년 2월 25일 국회 내란 국조특위에서 부

---

[25] 엔진에 연료를 정확하고 효율적으로 분사하는 전자제어 연료분사 시스템.

승찬 의원이 "그때 당시 전력화에 사용된다, 전투용으로 쓰인다, 이런 얘기를 듣고 주신 겁니까?"라고 묻자 "그것은 아닙니다"라고 답했다.

그런데 전력화에 사용된다는 이야기를 들은 적 없다는 증언과 상반된 정황이 있다. 박 소장은 2023년 1월 27일 연구개발사업계획을 승인하는데, 이 연구개발계획서 요약서 7페이지 특이사항에 '본 과제는 소형 무인기 대응 전력 긴급 확보를 위한 정책적 지시 과제로 수행되는 과제'라는 문구가 나온다.

박 소장은 전력화 얘기를 들었다고도, 안 들었다고도 할 수 없는 처지였다. 대통령이 북한 무인기 응징·보복을 말하자, 김용현이 아이디어를 내고, 국방부 장관이 100대 제작을 지시했다. 국과연은 이 과제를 떠안아 무인기를 만들었으니, 이를 전력화하지 않으면 외려 이상할 것이다. 그런데 국과연 규정상 전력화할 무기를 군에 무상 증여할 수는 없으니 이러지도 저러지도 못한 것으로 보인다.

국과연 무인기를 노린 드론사 창설준비단

드론사 창설준비단은 이 무인기를 호시탐탐 노리고 있었다. 2022년 12월 29일 대통령이 국과연에 다녀간 이후 창설준비단 소속 인원들이 3차례(1월 25일, 3월 22일, 7월 17일)나 국과연을 방문했다. 이들은 국과연이 보유한 무인기 목록을 달라고 요구했고, 그 무인기들은 드론사가 창설되면 당연히 드론사로 관리전환 된다는 듯 말하고 행동했다.

드론사 창설준비단은 2023년 7월 18일, 이 무인기 세부 장비 목록을 달라고 국과연에 요청했다. 준비단은 요청 배경으로 "연구개발 장비를 드론사에서 활용할 수 있는지를 판단하기 위함"을 들었다.

드론사는 7월 25일 국과연에 이제부터 자신들이 해당 무인기를 관리하겠다며 '관리전환 요청서'를 보냈다. 동년 8월 8일 국과연은 관리전환 심사를 했는데, 결론은 "드론사 창설준비단이 교육 등 목적으로 무상 증여 요청해 온 것으로 군에 증여 시 다양한 활용이 가능해 별도 장비 확보를 위한 군의 정부 예산 절감 효과를 기대할 수 있으므로 관련 규정 및 절차에 따라 무상 증여 승인을 건의함"이었다. 내부 인원으로 구성된 심사위원 7명 모두 이를 승인했다.

국과연은 '교육 등 목적'을 강조했다. 연구소 물품관리 요령에 따르면, '군수 및 교육·전시 물자로 사용 가능한 물품'에 한해 소요군에 증여할 수 있기 때문이다.

> **[연구소 물품관리요령]**
> 제15조(처분) ③전항의 처분방법을 결정함에 있어 시제품과 시제부산물 등 군 소요에 의하여 군수 및 교육·전시물자로 사용 가능한 물품은 타 처분 방법에 우선하여 별표 제6호의 서식에 의한 인계인수서 작성 후 소요군에 증여할 수 있다.(개정 2016. 7. 18.)

드론사가 평양에 무인기를 보낸 사실이 확인된 현재, 이 문건은 얼마나 기만적인가? '활용'과 '교육 등 목적'의 범위는 어디인가? 평양에 침투해서 전단을 살포하고, 이를 통해 북한의 도발을 유도해 전시계엄의 명분으로 삼으려 한 것도 그 범위에 해당하는가? 대통령과 국방부 장관이 찍어누르는 가운데 국과연은 전력화를 위한 예산은 없다고 버텨보기도 했지만, 역부족이었다.

국방부 외청인 방사청 출연기관의 한 연구원이 장관 앞에서 부정적 견해를 밝힌 것이 이 모든 과정에서 유일한 반대의사 표시였다. 합참이 최소한의 군사적 합리주의를 위태롭게 견지했듯이, 박 박사는 무기 도입 체계의 합리주의를 홀로 떠받들고 있었다.

2023년 9월 19일, 국과연은 무인기 86대를 드론사에 넘김으로써 관리전환 절차를 종료한다. 그리고 2023년 11월 21일 국방부 자원관리실장이 위원장인 실무협의회에서 소형정찰드론1형을 전력지원체계로 분류했다.26) 군에서 쓰는 무기는 무기체계 아니면 전력지원체계다.

2014년부터 2024년 사이 무상 증여된 군수품을 전력지원체계로 분류한 사례는 드론사가 운용하는 소형정찰무인기와 소형 자폭드론 두 건뿐이다. 이로써 소형정찰드론1형은 족보를 얻었다. 작전에 활용해도 좋다는 승인을 받은 것이다.27)

---

26) 우리 군의 군수품은 무기체계와 전력지원체계로 분류되는데, 상당수의 무인기가 전력지원체계로 분류된다. 방위사업법 등에 따르면 전력지원체계는 무기체계 이외의 장비 · 부품 · 시설 · 소프트웨어 그밖의 물품 등 제반 요소다.

27) 무기체계 도입에 비해 전력지원체계 도입 절차도 간소하고 시간도 덜 걸린다. 유사한 무기체계임에도 어떤 것은 무기체계로, 어떤 것은 전력지원체계로 분류된다. 자의적 분류라는 지적이 자주 제기됐다.

2장
급조한 무인기와 드론사령부

원거리정찰용 소형무인기. 육군 자료.

2023년 1월 16일 구성된 드론작전사령부 창설 준비단은 이보형 육군항공사령관(소장)을 중심으로 각 군에서 차출한 20명 남짓한 인원이 합참에서 공간을 얻어 사용했다. 이들이 대통령의 합동드론부대 창설 지시를 이행할 인원들이었다. 대통령 지시를 이행한다는 책임감과 '미래 게임체인저' 무인기 전력을 주도한다는 자부심이 있었다.

그런데 이들의 과업은 사상 처음 있는 일이었다. 모든 합동부대 사령부 창설은 충분한 준비기간이 있었고, 그 전신 조직이나 부대가 있었으며, 물어볼 선배가 있었다. 그러나 준비단은 시간도, 참고할 조직도, 물어볼 선배도 없었다.

9개월 만에 창설한 부대는 없었다

2020년 이후 창설된 합동부대는 사이버작전사령부, 육군항공사령부, 육군미사일전략사령부, 드론사, 그리고 전략사령부가 있다. 2019년 2월 26일 창설된 사이버작전사령부는 2010년 창설된 국군사이버사령부를 모체로 한다.

2021년 11월 30일 창설된 육군항공사령부와 2022년 4월 1일 창설된 육군미사일전략사령부는 각각 그 모체가 1989년, 2006년으로 거슬러 올라간다. 전략사령부는 합참의 북핵·대량살상무기(WMD)[28] 대응 조직이 십수 년 만에 독립해 나간 것이었다.

---

28) Weapon of Mass Destruction.

민주화 이후 대통령이 긴급하게 새로운 사령부를 창설하라고 직접 명령한 사례는 손에 꼽는다.[29] 2018년 8월 3일 문재인 대통령이 기무사령부 해편과 안보지원사령부 창설을 지시한 사례뿐이다. 드론사 창설과는 두 가지 차원에서 달라도 한참 달랐다.

먼저 안보지원사령부 창설은 2개월 여간(2018년 5월 25일~8월 2일)의 개혁위원회 운영 등 체계적 숙의 과정을 거쳤다. 이 위원회는 사령부 구조를 유지할지, 폐지할지, 아니면 축소할지 등 개혁의 방향성을 제시하는 임무를 부여받았으나, 드론사 창설처럼 대통령의 일방적 지시라고 보기 어려웠다.

기무사령부 해편에 대한 공감대는 오랜 시간에 걸쳐 형성되어왔다. 1948년 특무부대로 창설된 이후 두 번의 쿠데타(5·16, 12·12)를 비롯한 정치 개입과 민간인 사찰 등 끊임없이 역기능을 일으켜왔기 때문이다.[30]

부대를 창설하고 개편하는 과정도 지켜야 할 절차가 있다. 바로 '국방 조직 및 정원관리훈령'이다. 국방부는 5년 단위 국방중기부대계획을 매년 수립하며, 최소한 전년도 9월까지는 부대 창설계획이 국방부에 제출돼야 한다. 그러나 2020년 이후 창설된 사이버작전사령부, 육군항공사령부, 육군미사일전략사령부, 드론작전사령부, 전략사령부

---

29) 그밖에 박근혜 대통령이 특수임무여단(일명 김정은 참수부대) 창설을 지시한 사례가 있으나 규모가 훨씬 작다. 이명박 대통령이 이미 창설된 사이버사령부 확충을 지시한 바도 있다.

30) 2017년 3월 헌법재판소의 박근혜 대통령 탄핵 기각 시 소요 사태가 발생할 것을 예상하고, 탱크 200대, 장갑차 550대, 무장병력 4,800명, 특전사 1,400명을 투입한다는 내용의 방대한 계엄 문건을 작성해뒀다.

중 드론사만이 국방중기계획에 반영되지 않았다.

대신 드론사는 수시부대계획을 통해 창설됐다. '국방조직 및 정원 관리 훈령' 31조에 따르면, 예정에 없던 수시부대계획은 원칙적으로 허용되지 않되, 불가피한 경우에만 시행할 수 있다.

> **국방조직 및 정원 관리 훈령**
>
> 제31조(수시부대계획) ① 연도부대계획에 미 반영된 수시부대계획은 조직의 안정성, 연도부대계획 작성의 내실화 등을 위해 원칙적으로 불허하되, 다음 각 호의 어느 하나에 해당하는 불가피한 경우에만 시행할 수 있다.
>
> 1. 정책적으로 결정된 국가적 주요사업 추진이 해당연도에 반드시 필요한 경우
> 2. 해외파병 또는 복귀, 긴급한 군사안보 수요 발생 등 외교·안보 목적상 불가피한 경우
> 3. 조직관련 법령 등의 제·개정에 따른 경우
> 4. 조직진단 등을 통해 부대 감편으로 부대계획 소요가 발생한 경우
> 5. 작전환경 변화에 따라 당해연도 시행이 불가피할 경우

드론사는 '정책적으로 결정된 국가적 주요 사업 추진이 해당연도에 반드시 필요한 경우'에 해당한다고 주장하는데, 설득력이 떨어진다. 2022년 12월 29일 윤석열이 국과연에서 했던 말 한마디로부터 시작됐기 때문이다.

구체적인 실무를 담당할 조직인 드론사 창설준비단은 2023년 1월 16일 구성됐다. 창설준비단은 단기간에 부대 창설을 완수해야 하는 임무를 부여받았다. 준비단은 두 가지를 갖추고 사령부를 만들어

지상통제장비 운용 및 조작. 육군 자료.

야 했다.

먼저, 합동부대의 꼴을 갖추고 상급 기관인 국방부와 합참과의 협력체계를 갖춰야 했다. 다음으로, '드론 없는 드론사'가 되지 않게 무인기를 확보하는 것이었다.

창설준비단은 1월 16일부터 8월 31일까지 228일간 운영됐다. 사령부 창설 과정은 크게 1~6월의 기반 조성기, 7~9월의 작전 수행 능력 준비기로 구분할 수 있다. 창설 준비단은 기반 조성기에 총 477건의 공문서를[31], 작전 수행 능력 준비기에는 그 두 배가 넘는 920건의 공문서를 생산했다. 하루에 6.12건의 공문서를 생산한 셈이다.

이렇게 열정적으로 일했지만, 창설일이 가까워질수록 드론사는 공포감에 휩싸였다. 명색이 드론작전사령부라고 창설은 했는데 드론이 한 대도 없는 상태로 출범할 수 있다는 공포감이었다. 대통령에게 '지시대로 합동 드론부대를 만들었는데, 드론은 없습니다'라고 보고할 수는 없었다.

무상 증여인가, 무상 강탈인가?

2023년 6월 기준, 드론사 창설준비단은 드론을 한 대도 확보하지 못했다. 우리는 앞에서 윤석열의 한마디로 국방과학연구소가 편법으로 무인기 100대를 제작하는 과정에서 박규돈 박사가 원칙에 맞지 않는다며 몇 가지 의견을 제시한 상황을 살펴봤다.

무인기 제작이 확정되자, 준비단은 그야말로 우격다짐으로 무인기를 무상 증여받으려 들었고, 박 박사는 이들의 행태에 인내심이 바닥나기 시작했다. 준비단은 2023년 1월부터 국과연이 보유한 무인기를

---

31) 1~6월은 대외 협조·보고 활동(140건)이 가장 많았다. 상급 기관·유관 부대와 협조 체계를 조속히 구축하려는 목적이었다. 국방부·합참 등과의 회의, 자료 제출, 협조 공문이 빈번했다. 보안 부문(98건)이 그 뒤를 이었다. 군사통제구역 출입절차 마련, 보안장비 도입, 정보보호 대책 등이다. 사무공간 마련, 전산망 설치, 예산 집행절차 마련을 위한 행정·예산 처리(74건)와 장비·물자 도입(56건), 그리고 훈련·행사 준비(44건)가 병행됐다. 작전(40건)과 인사·조직 편성(23건)은 사령부령 제정 관련, 각종 아이디 발급 등 기초적 내용이었다.

탐냈고, 국과연이 무인기를 만들어주길 간절히 바랐다.

2023년 1월 25일, 초대 드론작전사령관에 내정된 이보형 창설준비단장이 국과연을 직접 방문해 박종승 소장 방에서 차를 한 잔 마셨다. 무인기 사업을 총괄하는 박 박사가 불려갔다.

이 단장은 TF가 출범해 박 소장께 인사드리러 왔다고 말했다. 박 박사는 2022년 12월 29일 대통령이 다녀간 이후 하루도 쉬지 못한 터였다. 이 단장은 "국과연에서 진행하는 무인기 사업에 대해 설명해달라"고 부탁했다. 박 박사는 소형 무인기부터 대형 무인기까지 하나하나 설명해줬다. 그러자 이 단장이 본론을 꺼냈다.

"그럼... 지금 국과연이 가지고 계신 건 뭐에요?"

박 박사는 기종을 불러줬다. 이 단장 측은 앞으로 잘 도와달라는 당부를 하고 돌아갔다. 박 박사는 준비단이 무인기와 관련해 조사를 하는 정도로 생각했다.

그러나 3월 10일 합참에서 열린 드론사 창설 추진평가회의에서 박 박사는 충격적인 이야기를 듣는다. 준비단이 이종섭 장관 앞에서 자신이 1월 25일 준비단장과 만났을 때 설명했던 국과연 무인기들을 드론사가 받기로 했다고 발표한 것이다. 당황한 박 박사는 어렵게 말을 꺼냈다.

"근데 저 얘기는 아닌 거 같은데요. 합의가 안 됐습니다. 1월 25일에 그렇게 말씀 안 드렸잖아요? 전력화 일정 잡아놓으신 것도 말이 안 됩니다."

이종섭 장관은 "그만 끝냅시다" 하면서 자리를 박차고 나갔다. 실무 차원에서 전혀 조율되지 않은 민망한 상황이 장관 앞에 그대로 노출된 것이다.

이 장관은 이전에도 비슷한 이유로 두 번 화를 냈다고 한다. 대통령이 국과연을 다녀간 다음 날인 2022년 12월 30일, 박 박사에게 무인기 보고를 안 했다고 화내면서 무인기 1,000대 예산을 수립하라고 지시했다는 것이다.

1월 8일에는 박 박사가 무인기 제작할 예산이 없다고 보고하자 버럭 화를 냈다고 한다. 3월 9일 공고가 나갔으므로 무인기 제작은 시작된 터였다. 이 장관 처지에서는 드론사에 무인기 100대를 빨리 주면 '대통령 지시사항 1번' 이행이 끝난다. 그런데 옆에서 딴지를 건다고 여겨 화가 난 모양이었다.

이후로도 황당한 일은 끊임없이 벌어졌다. 그로부터 4개월 후인 7월 17일, 준비단은 국과연 앞으로 '원거리 정찰용 소형 드론(저가형 소형 정찰용 무인기) 성능 / 세부 장비목록 요청' 공문을 보냈다. 그런데 17일은 무인기 5차 물량(71~100호기)을 끝으로 무인기 100대가 모두 국과연에 납품될 날이었다.

7월 17일은 국과연이 업체들을 대상으로 낸 공고문에 명시된 날이다. 준비단은 이날을 기다렸다가 재산목록을 내놓으라고 공문을 보낸 것이다. 게다가 1월 25일의 차담이 '협조회의'로 기록되어 있었다.

준비단은 8일 후인 7월 25일, 국과연 앞으로 '원거리 정찰용 소형 드론(저가형 소형 정찰용 무인기) 관리전환 요청' 공문을 보냈다. 박 박사는 근거를 보고 어이가 없었다. 사전 준비 없이 만나 차 한 잔 하면서 무인기 이야기를 좀 했을 뿐인데, 그것이 '협조회의'라니. 세부목록을 달라는 것까지는 이해하려고 했다. 그러나 공문은 마치 1월 25일 회의에서 국과연이 준비단에 무인기를 주기로 협의가 된 것처럼 작성돼 있었다.

드론 없는 드론사?

준비단 쪽 사정을 살펴보자. 7월 내내, 준비단은 준비단대로 9월 1일 창설을 앞두고 막바지 업무에 한창 바빴다. 두 달간(7월 2일~9월 8일) 902건의 공문을 생산했다. 6개월(1월 18일~6월 30일)간 생산한 477건의 두 배다. 대외 협조·보고가 여전히 가장 많았지만(253건) 비중이 높아진 것은 인사·조직 편성(109건)과 작전(111건)이었다. 부대가 실제 임무를 수행할 수 있도록 지휘관·참모·운용 인력 등을 충원하고, 작전계획과 운용 절차를 마련한 것이다.[32]

---

32) 장비·물자 도입(147건)도 활발해져 이 시기에 드론 운용 장비, 통제 시스템, 차량, 통신 장비 등이 집중적으로 도입됐다. 행정·예산 처리(119건)와 보안(112건)은 주로 무기체계 및 장비 도입에 따른 것이었다. 창설 행사를 앞두고 있었기에 훈련·행사 준비(52건)도 증가했다.

창설준비단은 '드론 없는 드론사'가 되지 않기 위해 소형정찰무인기 획득을 서둘렀다. 2023년 6월 16일부터 9월 7일 사이에 소형정찰무인기와 관련해 34건의 공문서를 생산했다. 공문의 흐름을 보면, 무인기를 하루라도 빨리 받고 싶은 설렘과 기대감마저 느껴진다.

먼저 6월 16일 준비단은 '원거리 정찰용 소형드론용 발사대 제작 요청' 공문을 보낸다. 무인기 맞이 준비다. 앞에 언급한 대로 7월 17일 무인기 납품일에는 국과연에 무인기 장비목록 제출을 요청한다.

준비단은 7월 25일 국과연에 무인기 100대 관리전환을 요청하는 공문을 보내면서 그 목적을 '운용'이라고 다소 추상적으로 밝혔다. 이에 국과연 측은 그 목적을 제한한다. 준비단 요청에 8월 8일 관리전환 심의위원회를 개최한 국과연은 심의 문건에 '드론사 창설준비단이 교육 등 목적으로 무상 증여 요청해 옴'이라고 적었다. 드론사의 '운용'에 대해 국과연이 '교육 목적 운용'이라고 제한한 것이다.

국과연은 8월 8일 '교육용'이라는 조건을 달고 드론사에 대한 무인기 86대 증여를 승인했다. 다음 날인 9일 준비단은 검수비행 계획 보고, 사령부 예규 법무검토 의뢰, 지원장비 구매 예산 조치 건의, 그리고 자대교육 계획 보고 관련 공문을 생산했다. 8월에는 위치추적장치 확보를 위해 노력하고, 사령부 예규를 만들고, 안전조치 계획을 수립하는 등 전방위적으로 운용체계를 구축했다.

2023년 9월 1일 드론사 창설일에 맞춰 소형정찰무인기 64대가 국과연에서 드론사로 넘어갔다. 이로써 드론사는 '드론 없는 드론사'라는 오명은 뒤집어쓰지 않아도 됐다. 남은 수량 22대도 9월 19일 모두 인계됐다. 2022년 12월 29일 김용현 경호처장이 "북한이 5대 보내면 우리는 100대, 1,000대 보내야 한다. 우리도 1,000대 정도는 만들어야 한다"고 말한 순간 제작이 결정된 무인기가 드디어 드론사에 도착한 것이다.

3장
평양으로 날아간 무인기의 스펙

무인기를 수동비행으로 유도 후 착륙시키는 장면. 육군 자료.

소형정찰드론1형은 어떤 의도로 설계하고 제작한 무인기인가? 김용현 경호처장이 "우리도 100대, 1,000대 보내면 된다"고 말한 것은 저가형 소모성 무인기를 만들어 다량으로 보내 저강도의 군사행동을 하자는 의도였다. 국방부는 이를 국과연 자체 연구개발사업으로 진행했다. 그러나 이는 무기도입을 편법으로 국과연 연구개발사업에 욱여넣은 것이었다.

국과연은 최대한 연구개발사업 취지에 맞게 연구계획서를 작성하느라 '단기간에 저가 대량 제작이 가능하도록 개조 개발하고 비행시험을 통해 장거리 비행이 가능함을 확인함'을 그 목적으로 적시했다.[33] 단기간에 대량 제작할 수 있는지 확인해 본다는 건 연구개발 과제가 되기 어렵다. 양산 능력 확인이므로 업체의 과거 실적을 보면 금방 유추할 수 있기 때문이다.[34]

암호 조치를 하지 않은 이유

이 일을 맡은 국과연은 무인기 제작이 '교육 등 목적'이라는 점을 여러 차례 강조했다. 국과연은 말로만 '교육 등 목적'을 강조하지 않았다. 국과연은 연구기관으로서 확고한 정체성이 있었고, 자체 관리규정만 수십 가지였다. 조직의 자체 논리와 오랜 관성이 작동하기 시작했다. 국과연은 정말 '교육 등'으로만 쓸 수 있는 무인기를 만들었다.

---

33) 2023년 2월 자체 연구개발사업 연구개발계획서.
34) 2021년 육군이 시험 운영한 소형정찰무인기 4대와 부대장비 총비용이 6억 7,000만 원이다. 즉, 대당 최소 1억 원 이상인 반면, 국과연 제작 무인기는 대당 3,000만 원으로 6개월 만에 100대를 생산했으니 '저가·단기간'이라는 목표는 달성한 셈이다.

말하자면 국과연은 '훈련용 무인기'를 만들기로 결정한 것이다. 같은 스펙의 무인기라도 작전에 투입되는 실전용 무인기와 교육 등 목적의 훈련용 무인기는 갖춰야 할 조건이 다르다.

실전용 무인기는 적지에서 비행하므로 예상되는 적의 물리적 공격, 지상제어장치 등과 오가는 무선통신 신호에 대한 교란(jamming), 변경(spoofing), 탈취(hijacking)에 대한 암호화 대비가 필요하다. 그러나 훈련용을 염두에 두었기에 당연하게도 그런 대비를 전혀 하지 않았다.

무선통신 신호 교란, 변경, 탈취는 무인기에 가장 흔하게 가할 수 있는 공격이다. 우리 국방부가 발간한 『국방 드론 보안 가이드라인』은 무인기 기체의 경우 구동부, 제어부, 페이로드(센서·카메라·살포장치 등 임무 장치), 그리고 통신부가 각각 데이터 유출이나 신호도청에 취약하다고 지적하고 있다.

지상제어장치(GCS·Ground Control System) 관련해서는 "암호키 노출"과 "데이터 탈취"를 대표적 취약점으로 꼽았다. 2011년 12월 이란은 자국 핵시설 인근에 나타난 미국 무인기 RQ-170을 해킹해 추락시키기도 했다.

군에는 무기체계의 보안 취약점을 식별하고, 보안조치가 충분한지를 검증하는 기관과 검증체계가 있다. 방첩사는 무인기에 무선통신 간 주고받는 군사정보를 보호하는 조치가 충분한지 '보안 측정'을 주기적으로 실시한다.[35] 또 무기체계 보안적합성 검증을 통해 보안 수준을 요구한다. 보안적합성 검증을 통과해야 실전에 사용할 수 있다. 사이버사는 무기체계에 대해 사이버보안 취약 요소를 파악·분석하고 개선 방안을 제시해 준다.

군은 무기체계·전력지원체계 도입 시 기밀성, 무결성, 가용성을 고려해 가, 나, 다급으로 보호요구 수준을 분류하고 이에 적합한 보호대책을 세운다. 4개 항목으로 세부 분류되는 가급은 특수정보나 군사비밀 I, II, III급을 처리하는 체계로 군사작전 수행에 직접 활용된다. 나급은 2개로 나뉘며 비밀이 아닌 군사 자료를 소통하거나 군사작전 수행에 간접 활용되는 체계다. 다급 역시 2개로 분류되는데 인터넷 공개 자료, 온도 등 단순 정보처리 체계다.

드론사는 2024년 1월 11일 보안심사위원회를 개최해 소형정찰드론1형을 나-1급으로 분류했다. 나-1급으로만 분류해도 한국형 암호모듈 검증(KCMVP; Korea Cryptographic Module Validation Program) 적용 장비를 의무적으로 사용해야 한다. 무인기가 송수신하는 데이터의 기밀성·무결성·인증·부인방지 등을 위해 국정원으로부터 KCMVP 인증을 받은 암호화 장비를 탑재해야 하는 것이다.

그러나 2024년 10월 3일 첫 무인기를 평양에 보낸 시점에는 KCMVP가 적용되지 않았다. 사업목적 자체가 대량으로 저가 드론을

---

35) 방첩사가 펴낸 『정보·무기체계 군 보안측정 가이드』 서문에 "전력화(운용) 전 반드시 보안 측정을 받아야 한다"라고 적시되어 있다.

단기간에 생산하는 것이니, 단가를 높이는 KCMVP 적용을 할 필요가 없었던 것이다. 이런 이유에서라도 실전에 쓸 무기체계는 편법으로 도입하면 안 된다.

사이버사 해킹에 뚫리다

드론사는 보안 조치를 매우 허술하게 했다. 드론사는 2024년 12월 30일이 돼서야 소형정찰무인기에 KCMVP 적용을 완료하고, 방첩사로부터 보안적합성 검증을 받았다.

드론사는 무인기를 평양에 보내라는 'V 지시'가 내려온 직후인 2024년 7월 5일에서야 사이버사에 소형정찰무인기의 취약점 분석·평가를 요청했다. 2023년 9월 19일에 무인기들을 증여받았으니, 10개월이나 경과한 셈이었다.

뒤늦게나마 실시한 이유는 평양에 무인기를 보내라는 명령이 하달된 탓이다. 이에 황급하게 보안 조치를 한 것이다. 드론사 요청에 따라 사이버사 화이트 해커들은 2024년 9월 2, 3일 드론사를 방문해 소형정찰드론1형의 대해 취약 요소를 파악하고, 기체 재부팅 해킹에 성공한 후 유유히 자기 부대로 되돌아갔다.

사이버사의 해킹에 소형정찰드론1형은 쉽게 뚫렸다. 사이버사 요원들은 해킹 장비를 활용해 단 한 번의 시도로 작동 중인 무인기가 지상통제장치(GCS)와 주고받는 재부팅 신호를 탈취해 재부팅하는 데 성공했다. 또 거짓 GPS 값을 보내 무인기가 엉뚱한 곳으로 가게 하는 데도 성공했다. 사이버사 요원들은 실소했고, 드론사 부대원들의 얼굴은 굳었다. 그런데도 김용대 사령관은 7월 17일 특검 조사를 받고 나와 KCMVP 미적용에 대해 묻는 취재진에게 "없어도 되고 있어도 되는 것"이라고 말했다.

상업용 위성이나 구글맵 수준

이런 군사용으로서의 취약점을 제외하고도 무인기 자체 성능과 기능 면에서도 소형정찰드론1형은 수많은 제한요소가 있다. 제원을 보면, 날개 길이 3m, 선미부터 후미까지 2m, 무게는 16.5kg이다. 시속 100km 이상 속도로 비행할 수 있으며, 5시간 정도 비행이 가능하다. 한 번에 500~600km 비행할 수 있으니 백령도에서 평양을 다녀올 수 있다. 35cc급 미국 DA35 엔진이 달려 있으며, 연료탱크 용량은 5L다.

무인기의 뇌에 해당하는 비행제어컴퓨터(FCC)는 중국 CUAV V5+다. 운용자는 비행제어컴퓨터로 엔진과 날개를 통제하고, 위성으로부터 GPS 신호를 받고, 지상통제장치로부터 무선주파수(RF·Radio Frequency) 신호를 받아 처리한다. 위치, 고도, 속도 센서와 연동되어 있으며, 카메라 셔터를 조작하기도 한다.

무인기의 부대장비로는 우선 기체를 이륙시키는 4m 길이의 발사대가 있다. 발사대는 10도 각도로 하늘을 향해 있으며, 기체를 얹으면 시속 50km 속도로 이륙시킨다. 착륙 시에는 기체 후미에 탑재된 낙하산을 펼친다. 그리고 기체에 GPS 좌표를 입력하고, 5km 이내 거리에서 기체를 조종할 수 있게 하는 지상통제장비(GCS · Ground Control System)가 있다. 그밖에 엔진 시동 장치, 발전기, 충전기, 연료 주입 장치 등이 있다.

이 무인기의 기본적인 임무 수행 방식은 이륙 후 목표 지역으로 이동해 사진을 촬영한 뒤 기지로 복귀하는 것이다. 무인기는 고도 2km 까지 상승할 수 있는데, 사진촬영을 하려면 1km 이하로 내려와야 한다. 사진은 사전에 입력한 특정 좌표에서 자동으로 찍게 되어있다. 지상통제장비는 기체가 특정 GPS 좌표에 도달하면 전기신호를 줘서 사진을 찍도록 한다.

카메라 본체는 ILCE-6400등급[36] 이상, 렌즈는 일상에서 가장 널리 쓰이는 75mm 초점거리 렌즈를 쓴다. 이 정도 스펙이면 100~150m 거리 이내에 들어와야 번호판을 식별할 수 있고, 250~350m 이내에서야 사람인지 아닌지 식별할 수 있는 정도다.

즉, 이 무인기로는 상업용 위성이나 구글맵 수준의 이미지밖에 못 얻기 때문에 정찰용으로 가치가 없다. 그런데도 드론사는 이 무인기를 '정찰'과 '교란'의 목적으로 운용한다고 밝혔다. 드론사에 따르면,

---

36) 소니의 E마운트용 교환식 렌즈 카메라(Interchangeable Lens Camera, E-mount)라는 뜻으로 중급 미러리스 카메라 본체다.

교란은 '의도적으로 적에게 노출해 적의 피로도 강요'를 뜻한다.[37]

이 무인기는 저가형으로 빠르게 양산하다 보니 상대적으로 고가인 위성통신 장치를 달지 않았다. 그래서 이륙시키고 나면 기체가 어떤 상태인지 전혀 알 수 없고, 어디에 있는지조차도 알 수 없다. 당연히 카메라로 찍은 사진을 원격으로 전송받을 수도 없다.

오직 5km 이내에서만 무선 조종할 수 있을 뿐이다. 이륙에는 조작이 필요 없지만, 착륙 시에는 수동으로 조종해 낙하산을 펼친다. 그러면 요원들은 착륙한 무인기에 장착된 카메라에서 SD카드를 꺼낸다.

그러다 보니 무인기를 띄우고 나면 군인들은 기도하는 심정이었다고 한다. 정보작전처 참모들은 무인기가 설정된 좌표대로 비행하고 있는지, 비행경로에 배치된 감시정찰 장비에 적발되지는 않았는지 상상에 맡길 수밖에 없었다. 백령도, 경기 ○○, 강원 ○○에서 무인기를 직접 점검하고 비행시킨 운용요원들 역시 작은 점으로 사라져가는 무인기를 바라보며 제원상 가능한 5km보다 더 멀리서 신호를 잡아보려고 애썼다. 하지만 부질없는 일이었다.

그래서 드론사는 갤럭시 A21 휴대전화를 무인기에 부착해 위치를 추적하려 했다. 휴대전화의 GPS 센서가 위치값을 측정해 지상통제 장치로 실시간 전송하는 방식이다. 전송은 LTE망을 이용한다. 2024년 10월 4일 이 방식으로 백령도, 경기 ○○, 강원 ○○ 지역에서 각각 수

---

[37] 드론사 제출 자료, 2024.11.13.

백 km 시험비행을 했다. 백령도는 대부분 해상이라 거의 위치추적이 되지 않았고, 경기 ○○은 대부분 신호가 잡혔다. 강원 ○○도 해상이라는 한계 때문에 70% 정도만 잡혔다.

그러나 북한 지역은 LTE가 터지지 않으니, 드론사가 보유한 위치추적 장치는 무용지물이었다. 게다가 한글이 기본언어로 세팅된 한국산 스마트폰을 장착해 북한에 보낼 수는 없는 노릇이었다. 그래서 북한에 보낸 무인기에는 위치추적장치(휴대전화)가 탑재되지 않았다.

3부

게임체인저 아닌 계엄체인저?

1장
V가 창설한 부대, V 뜻만 따르는 부대

2장
V 지시에 무너지는 작전지휘체계

3장
백령도의 야간 비밀작전

4장
추락한 무인기와 가짜 비행이력카드

5장
조작의 시간-표창, 증거인멸, 부실조사

1장
V가 창설한 부대, V 뜻만 따르는 부대

"복잡하고 엄중한 국제안보 상황 가운데 드론작전사가 게임체인 저로 거듭나 강력하고 단호하게 임무를 수행할 것을 다짐한다."
(2024년 5월 1일, 김용대 드론작전사령관 취임사)

드론사는 창설 8개월이 막 지난 신생 사령부였다. 두 번째 임기제 진급 끝에 사령관을 맡게 된 김용대는 "복잡하고 엄중한 국제안보"를 거론하며 상투적인 취임사를 마쳤다. 하지만 평양 무인기 작전에 얽혀 들어간 그의 처지와 운명이야말로 복잡하고 엄중했다.

김용대는 사령관으로 취임하고, 한 달 조금 지난 2024년 6월 13일 처음으로 무인기 북파 TF를 소집했다. 그리고 10~11월 무인기를 20대쯤 북한에 보내고, 북파 사실을 은폐하느라 공문서를 위조한다. 방위사업청에서 헬기사업부장으로 서류작업을 하던 김용대는 어쩌다가 야전 사령관이 됐으며, 왜 무인기 북파 임무를 수행해야만 했는가?

3.38% 확률을 뚫은 김용대 사령관

이를 추적하려면, 김용대 사령관에 대한 인사검증이 본격적으로 시작된 2024년 1월 26일로 시간을 거슬러 올라가야 한다. 방사청 헬기사업부장으로 14개월을 보낸 김용대는 이날, 본인 소장 진급을 위한 인사 검증 동의서를 제출했다. 장성 인사는 해당 계급으로 1년이 경과된 인원 전원에게 개인정보동의서를 받는 것으로 시작한다.

국방부 인사기획관실과 육군본부 인사참모부는 이 동의서를 근거로 다양한 개인기록을 열람하고 진급에 결격사유가 있는지 살펴본다. 그렇게 인사 검증을 거쳐, 육군참모총장이 추천하고 장관이 제청한 후 최종적으로 대통령이 재가하는 것으로 장성 인사가 마무리된다. 국방부 인사복지실은 김용대를 사령관에 부임시키기 위해 이보형 초대 드론사령관이 조용히 물러나게끔 조치하는 것도 잊지 않았다.

그 무렵 삼청동과 한남동에서는 윤석열과 김용현이 장군들을 불러 내란의 밤을 준비하고 있었다. 3월 30일, 삼청동 안가에서 윤석열은 김용현 경호처장, 신원식 국방부 장관, 조태용 국가안보실장, 여인형 방첩사령관을 만나 처음으로 "비상대권"을 언급했다. 윤석열은 "비상대권밖에는 방법이 없다" "군이 나서야 하지 않냐?"라고 말했다. 바로 이 즈음 여인형이 박안수 육군참모총장을 만나 김용대를 강력 추천했다고 한다.

그로부터 보름 후인 4월 15일, 김용현 경호처장은 자신의 공관에 여인형 방첩사령관, 곽종근 특전사령관, 이진우 수방사령관을 불렀다. 김용현은 "노동계, 언론계, 이런 반국가세력 때문에 나라가 어려움이 있다"라며 분위기를 띄웠다.

그리고 10일 후인 4월 25일 발표된 상반기 장성 인사에 김용대의 이름이 올라갔다. 김용대는 애초 후보에도 없었지만, 김용현과 여인형이 밀자 박안수 총장이 수용할 수밖에 없었다고 전해진다. 두 번째 임기제 진급이었다. 임기제 진급이란, 해당 보직을 2~3년 수행하고 전역하는 조건으로 진급한다는 의미다.

2000년부터 2025년 사이 소장 진급자 858명 중 두 번 임기제 진급을 한 장군은 김용대를 포함해 29명뿐이다. 3.38%의 확률이다. 이로써 초대 드론사령관 이보형은 임기의 반도 못 채우고 김용대에게 사령관 자리를 물려줬다. 육군 항공병과에서 유일한 소장은 항공사령관이었으나, 김용대의 드론사령관 취임으로 소장이 둘로 늘었다.

마치 도미노처럼 또 다른 인사 문제가 발생했다. 육군 항공병과 출신 몫의 장군 보직은 암묵적으로 소장 한 자리, 준장 두 자리였다. 그러나 드론사 창설로 소장이 두 명 생기면서 준장 자리가 줄었다. 그 결과 2024년 4월 30일 항공병과 출신의 육군 준장이 맡아왔던 육군항공

학교 교장에 사상 처음으로 보병 병과 출신 육군 준장이 보임됐다.

육군에는 총 11개의 특기 학교가 있다. 그중 7개 특기 학교(포병·기계화·공병·정보통신·정보·화생방·항공)는 해당 병과 출신의 장성이 학교장을 맡아왔다. 그 장성이 해당 특기 교육에 가장 정통한 인물이기 때문이다. 무리한 드론사 창설이 육군 특기 교육 전문성에까지 영향을 끼친 것이다.

그러나 이 이례적인 인사는 크게 관심을 끌진 못했다. 누구도 김용현이 김용대에게 모종의 임무를 내릴 작정이라는 점을 눈치채지 못했기 때문이다.

무르익는 삼청동 술자리

김용대 사령관은 진급 직후인 2024년 5월 말, 경호처장 공관을 찾아 김용현에게 감사인사를 했다. 김용현과는 이렇다 할 근무연도 없고, 서로 연락하던 사이도 아니었는데 말이다. 김 사령관은 2025년 7월 18일 특검 조사를 마치고 나와서 기자들에게 "청첩장 전달이 포함된 개인적인 만남이었다"라고 선을 그었다.

하지만 2025년 7월 24일 조선일보는 무인기 논의가 있었다고 보도했다. 김용현이 "북한 오물풍선 상황이 심각해 걱정이 많다"며 "(지난해 6월) 북한과 러시아가 군사동맹을 맺은 점이 우려된다"고 하자, 김용대가 "드론사가 보유한 무인기를 개조해 대북 심리전단 작전을 펼치는 방법을 검토 중"이라고 말했다는 것이다.

김용대 사령관 취임식 10일 후인 2024년 5월 10일, 김용현 공관 파티 참석자였던 여인형, 곽종근, 이진우 장군이 강남에서 별도로 모여 계엄의 현실성을 논의했다. 장군들은 군 통수권자의 비상대권 언급을 농담으로 치부하지 않았다.

보름 후인 5월 24일 이진우 수방사령관이 드론사를 방문했다. 그는 김용대와 같은 육사 48기이며, 누구보다 먼저 비상계엄을 적극적으로 준비한 인물이다. 이진우는 2024년 2월부터 '수호신 TF'를 만들었다. 컴퓨터가 아니라 수기로 문서를 작성했고, '첩보에 의한 북한 도발 가능성'이라는 허위 명분으로 설 연휴부터 총선까지 비상대비태세를 유지했다.

수방사는 비상계엄을 준비하며, 드론사는 무인기 북파를 준비하며 기존 보고체계가 아닌 TF 체계를 운영했다. 드론사 북파 TF 소속 군 장교는 수기 보고와 소수 인원 운영이 특징인 수호신 TF가 북파 TF와 유사하다고 평가했다. 어쨌든 계엄을 적극 준비하던 육사 동기생 이진우와 김용대 사이에는 묘한 유대감이 형성될 수밖에 없는 상황이었다.

2024년 4월 장성 인사는 '김용현의 승리, 신원식의 패배'라는 평가를 받았다. 부대 내 하극상과 블랙 요원 명단 유출이라는 악재가 겹쳐 교체될 것으로 예상했던 문상호 정보사령관은 유임됐고, 대부분 관심을 두지 않던 드론사령관은 교체됐다. 군 인사를 꽤 잘 안다고 자부하는 사람들도 당시에는 이게 어떤 의미인지를 눈치채지 못했다.

김용대 사령관이 취임한 지 한 달이 된 5월 30일 윤석열은 충암고 동문인 김용현, 여인형만을 삼청동 안가로 부른다. 윤석열의 말은 더 노골적으로 변했다.

윤석열은 "비상대권이나 비상조치가 아니면 나라를 정상화할 방법이 없는가?"라고 말했다. 3월 안가 모임에서 비상대권을 만류했던 신원식 같은 눈치 없는 사람도 없었다. 그야말로 충암파끼리만 모여 뜨거운 술잔을 나눈 자리였다.

이날이 기점이었을 가능성이 높다. 삼청동 안가 모임이 지속되면서 신원식 같은 반대파는 걸러지고 충성을 다짐하는 자들은 더욱 똘똘 뭉쳤다.

그들에 비하면, 김용대는 12·3 내란의 주역은 아니다. 그러나 김용대에게는 소형정찰드론1형이 있었다. 취임사에서 김용대는 "드론작전사가 '게임체인저'가 되겠다"고 말했다. 하지만 김용현에게 드론사는 미래전장을 바꾸는 게임체인저라기보다는 12·3 비상계엄을 '전시계엄'으로 바꿀 수 있는 '계엄체인저'였다.

만약 북한 도발을 명분으로 계엄이 선포됐다면, 계엄군은 소극적인 모습이 아니었을 가능성이 높다. 평양 무인기 작전에 북한이 강경 대응했다면 어땠을까? 북한의 공세적 대응에 임무 수행 중인 군인이 죽거나 다치기라도 했다면, 여론은 급격히 나빠졌을 것이다. 그리고 우리 군은 자동으로 대응 수위를 높였을 것이다. 드론사는 이 평행우주를 창조할 수도 있었다.

김용대는 사령관에 취임한 5월, 김용현과 이진우를 따로 만났고, 그때마다 무인기 이야기를 나눴다. 김용현은 3성 장군으로 군 생활을 마쳤다. 여인형, 곽종근, 이진우는 모두 3성 장군이고 김용대만 투 스타다. 김용대에게는 계엄 선포 시 국회에 동원할 병력은 없었다. 하지만 윤석열이 찍어둔 무인기 86대를 국방과학연구소로부터 받아둔 터였고, 그것이 그의 힘이었다.

김용현은 윤석열의 비상조치 구상을 실현할 방안을 궁리했고, 김용대에게는 북한에 보낼 수 있는 무인기가 있었다. 묘한 기대감이 김용대에게 쏠렸다. 김용대는 군사작전에 어떤 권한도 없는 민간인 신분의 김용현 경호처장과의 교감 속에서, 취임 40여 일이 지난 2024년 6월 3일 기어코 북파 TF를 소집해 12·3 내란의 전사(前史) 페이지를 열었다.

2장
V 지시에 무너지는 작전지휘체계

2024년 초여름에 돌입한 6월 3일 오후 3시, 경기 포천의 육군 사단 내 드론사 본부는 근무복을 입은 군인들이 저마다 자리에 앉아서 업무를 처리하고 있었다. 이들의 근무복 왼쪽 가슴에 달린 이름표는 각각 육군, 해군, 공군, 그리고 해병대 소속임을 드러냈다.

드론사는 합참 지휘를 받는 7개 합동부대 중 하나로, 전군이 함께 근무하는 곳이다. 말이 좋아 합동부대지, 부대원들은 윤석열 대통령이 지시해 창설된 부대, 대통령이 지시하면 뭐든 이행하는 부대라고 여겼다.

허겁지겁 본부로 들어온 드론사 윤영수 소령은 땀을 연신 닦으며 정보작전처에 딸린 회의실로 뛰어갔다. 그는 누구와 무슨 논의를 한다는 이야기를 듣지 못한 채 회의실로 황급히 들어섰다.

국방부 · 합참 모르게 V 지시 이행하라

경험상 이런 경우는 뭔가 있긴 했다. 회의실에는 드론사에서 정보와 작전을 책임지는 핵심 인물 네 명이 모여있었다. 정보작전처장, 작전과장, 공역장교, 표적장교가 앉아 있었다. 윤 소령이 들어오자 정작처장이 문을 잠갔다. 잠시 그대로 서 있던 정작처장이 천천히 몸을 돌려 참석자들을 한 명씩 번갈아 바라봤다. 그가 입을 열었다.

"방금 사령관님을 뵙고 왔다. V 지시다. 국방부와 합참 모르게 진행해야 한다. 우리는 곧 평양에 무인기를 보낸다."

윤 소령은 사령관님을 뵙고 왔다는 말을 듣자마자 반사적으로 수첩을 펼치고 펜을 들었다. 그러나 정작처장의 뜻밖의 지시에 손이 말을 듣지 않았다. 모든 페이지가 한글로 적힌 수첩에 처음으로 영어가 적히기 시작했다. 그는 합참은 'JCS(Joint Chief of Staffs)', 국방부는 'MND(Ministry of Defense)'라고 적었다.

그리고 왜 합참과 국방부를 제치라는 건지 'Why?'라는 단어만 생각났다. 이 짧은 순간에도 '평양'이라는 단어는 적으면 안 될 것 같다는 본능에 'PY'라고 적었다. 의문이 꼬리를 이었다. 정작처장이 말을 이어갔다.

"이번 작전은 북한 오물풍선 대응이다."

북한은 2024년 5월 28일을 시작으로 몇 차례 오물풍선을 보내고 있던 터였다. 북한이 우리 측에 오물풍선을 보냈다고 평양에 무인기를 침투시키는 게 맞는가? 그동안 배워온 비례성의 원칙에 해당하는지 따져볼 겨를은 없었다.

아니, 일개 소령인 자신이 토를 달고 말고 할 일이 아니었다. 윤 소령은 이유를 듣고 나서 어느 정도 납득했다. 과연 드론사는 V의, V에 의한, V를 위한 부대였다. 불려온 요원들도 드론사의 창설 배경을 잘 이해하고 있었다.

드론사는 2022년 12월 용산 집무실 코앞에 북한 무인기 침투를 허용해 체면이 상한 V의 분노와 의지가 담긴 부대였다. 드론사에서는 'V가 지시하면 간다'는 인식이 팽배했다. 윤 소령은 자리를 못 잡던 드론사가 작전다운 작전을 한다는 생각도 스쳤다.

"평양의 효과적인 표적 16개를 선정하라."

충격이 좀 가시는가 했는데 여전히 영어가 멈추질 않았다. 윤 소령은 수첩에 'effective 16'이라고 쓰며 수도 없이 들여다봤던 평양 곳곳의 장소를 떠올렸다. 텍스트로만 존재하던 그곳들. 김정은 숙소 15호 건물, 김 부자 동상, 노동당 청사, 정찰총국, 국방성, 총참모부 등이 떠올랐다.

그는 빈 평양 지도를 주면 수십 개 전략 표적을 찍을 수 있을 정도로 평양 지리에 밝았다. 그곳들을 대상으로 실제 작전을 하다니. 윤 소령의 심장이 빠르게 뛰었다.

"절대적으로 보안을 유지해야 한다."

윤 소령의 영어 메모는 'OPSEC(작전보안)'이라는 단어로 끝난다. 너무도 엄청난 지시에 회의실은 침묵이 흘렀다. 정작처장은 궁금증과 충격에 휩싸인 요원들 얼굴을 둘러봤다. 질문이 쏟아질 것 같은 숨막히는 분위기 속에서 정작처장은 자세한 이야기는 나중에 하겠다며 회의를 해산시켰다.

윤 소령도 수첩을 집어 들며 '효과적인 표적'의 의미를 생각했다. 드론사에 있는 무인기라고는 소형정찰드론1형뿐인데 이것들이 '효과적인 표적'에 다가가서 무슨 효과를 노린다는 것일까? 오물풍선이 우리 국민에게 위협으로 다가오고 불쾌감을 줬듯이 우리도 북한에 그렇게 한다는 의미로 이해됐다.

카메라 떼어내고 전단통 장착

어떻게 북한 지도부에 불쾌감을 줄지, 김용대 사령관에게는 복안이 있었다. 그는 취임하기 전인 2024년 1월 24일 실시한 '예측 불가능하고 치명적인 드론 작전 아이디어 공모전' 결과를 보고받았던 적이 있다고 한다.

당시 수많은 아이디어가 제시됐다. 그중 평양 시내에 전단을 뿌리자는 아이디어가 가장 효과적이고 현실적이라는 데 공감대가 형성됐다. 그밖에 무인기에 페인트를 담아서 김일성·김정일 부자 동상에 부어버리자는 아이디어가 나왔다. 또 다른 누군가는 무인기에 확성기를 달아서 K-POP을 틀자는 아이디어를 제시했다. 두 제안은 기술적으로 구현할 수 없어 채택되지 않았다.

김용대 사령관은 2024년 6월 초 드론교육연구센터에 3D 프린터로 전단통을 만들라고 지시했다. 그리고 며칠 후 TF 요원 몇 사람이 창고에 모여 소형정찰무인기를 찬찬히 들여다봤다. 상용 DSLR 카메라를 내부에 장착해 지상 사진을 찍어오는 이 무인기에는 카메라를 넣을 공간이 있었다.

요원들은 혹시 카메라를 떼어내고 전단통을 장착할 수 있는지 검토했다. 그러나 내부 공간이 터무니없이 좁았다. 전단 100장도 넣기 어려워 보였다. 게다가 배선이 복잡하게 얽혀 전단통 설치 공간이 부족했다.[38]

요원들의 시선이 무인기 하단부로 쏠렸다. 이 무인기는 레일식 발사대에서 이륙하는데, 착륙할 때는 100여m 상공에서 낙하산을 펴고 속도를 줄여 기체 하단부가 지면에 직접 착지하게 된다. 따라서 기체

---

38) 국방과학연구소에서 북한이 대한민국 무인기라며 공개한 사진과 소형정찰무인기 형상을 비교 분석한 보고서에 따르면, '내부 공간 부품 배열상 전단통의 내부 장착은 불가'하다.

가 지면에 닿을 때 충격을 완화하고 기체를 보호하기 위한 랜딩폼이 지면과 맞닿는 하부에 부착되어 있다.

이들은 랜딩폼을 떼버렸다.[39] 대신 전단통을 만들어 하단부에 부착하기로 했다. 어쩌면 한 달 전 물러난 이보형 전임 사령관이 이 사태를 예감했는지도 모른다. 드론사는 이 전 사령관이 재임하던 2024년 2월 2일부터 3D 프린터 구매를 추진했다. 김용대 사령관은 전임자가 마련해 놓은 3D 프린터를 이용해 전단통을 제작할 수 있었다.

마치 짜놓은 듯한 일정이 진행됐다. TF 소집 다음 날인 6월 14일, 드론사는 국방부에 '24년 국방 분야 3D 프린팅 전문인력 양성교육(기초과정) 대상자 보고'라는 제목의 문서를 보냈다. 그리고 드론사 요원 2명이 각각 6월 24~28일, 7월 8~12일 일정으로 3D 프린터 사용법 교육을 받게 된다.

선발팀이 교육을 받던 6월 28일 2억 6,000만 원짜리 3D 프린터가 사령부 근처에 있는 드론교육연구센터로 배송됐다. 드론교육연구센터는 전단통 제작과 무인기 개조가 이뤄진, 말하자면 무인기 북파 작전의 연구개발센터 격이었다.

전단통 제작을 위한 인력과 장비가 모두 마련됐다. 이들은 드론교육센터에서 일주일간 배워온 3D 프린터 기술로 전단통을 여러 개 만들었다. 다들 처음 해보는 일이었다. 수많은 시행착오 끝에 마침내 슬

---

39) 국방과학연구소 보고서는 "北 매체 보도자료에는 회수 시 기체 보호를 위한 폼의 위치가 원설계와 다르며 후방 동체 아래에 부품이 추가된 것으로 보인다"고 지적했다.

라이드 방식의 전단통을 완성했다.

전단통은 반원 모양의 플라스틱 통이다. 끈으로 묶인 전단 뭉치가 철사에 매달려 있고 철사 끝단은 전단통 앞부분에 부착되어 있다. 그리고 전단통이 기체와 붙은 부분에는 분리 버튼이 장착되어 있고 무인기 중앙컴퓨터에서 조작할 수 있도록 개조해 놓았다. 버튼이 조작되면 철사 끝이 분리되어 전단 뭉치가 기체 밖으로 미끄러져 나온다. 외부로 나온 전단 묶음은 빠른 속도로 돌아가는 프로펠러 앞으로 떨어지고, 이때 양력이 발생해 전단이 사방에 퍼지게 되는 원리다.

조악하기 짝이 없었다. 1주일 배워 3D 프린터로 전단통을 만들었고, 항공역학 기초과목도 수료하지 않은 비전문가들이 민감한 무인기 기체의 주요 부품을 함부로 뗐다. 이런 무인기 개조는 추락의 가능성을 높이는 조치였다. 2024년 9~10월 이렇게 개조한 무인기로 전단 투하 시험과 훈련을 진행했는데 실패의 연속이었다.

전단통을 떨어뜨리기 위한 분리 버튼이 조작될 때 기체에 1차 충격이 왔고, 전단이 살포되며 프로펠러 부근에 2차 충격이 가해졌다. 훈련 중 무인기는 수시로 추락했다. 이 훈련들은 '임무 영역 확장 비행'이라는 이름으로 실시됐다. 드론사 간부들은 이 훈련 결과 보고서를 세절기에 넣어버렸다.

한 초급장교의 견제구

물리적으로 조악했을 뿐 아니라, 운용 면에서도 실패가 예고된 것이나 마찬가지였다. 자기 부대원들에게도 비밀로 하다 보니, 김용대 사령관은 그야말로 최소한의 인원만을 평양 무인기 작전에 동원했다.

드론사는 사령부에 4처 5실이 설치돼 있고,[40] 드론교육연구센터가 있으며, 예하에 3개 지역대대, 그리고 지원대대, 통신대대가 별도로 구성돼 있다. 사령부 간부 인원만 150명에 이른다. 그런데도 김용대 사령관은 5명의 TF를 중심으로 평양 무인기 작전을 지휘함으로써 작전의 완성도를 현격히 떨어뜨렸다.

2024년 10월 9일 무인기 한 대가 평양 시내에 추락하게 된 첫 번째 원인이 비전문가들의 부실한 기체 개조에 있다면, 두 번째 원인은 사령관이 충분히 보좌를 받지 못했기 때문이다. 심지어 사령관은 2024년 11월 13일 백령도에서 무인기를 북한 남포에 보낼 때는 자신이 직접 김포·백령 지역대대 소대장(중위)에게 작전지휘를 했다고 한다.

또 다른 문제는 북파 TF 소속이 아닌 다른 장교들이 알아차린 데 있었다. TF만으로는 비행할 수 없었다. TF는 다른 장교들의 도움을 받아야 했다. 특히 TF에는 비행경로 작성을 능숙하게 하는 인원이 없었다. 하는 수 없이 그 업무를 해본 적도 없는 김철수 대위가 경로 작성을 맡게 됐다. 김 대위는 비행경로 작성 업무를 잘 아는 정윤수 중위를 찾을 수밖에 없었다.

---

[40] 정보작전처, 군수참모처, 전투발전참모처, 감찰안전실, 법무실, 지원대대, 통신대대, 드론작전담당관실.

정 중위는 평소 말도 잘 걸지 않던 김 대위가 비행경로 작성에 대해 꽤 구체적으로 물어보자 의아하게 생각했다. 김 대위는 아예 비행경로 작성 노트북을 빌려달라면서 경로 짜는 법을 알려달라고 부탁했다. 하루는 과장이 와서 소형정찰드론1형이 비정상상태로 꺼지면 자동으로 포맷되는지도 물었다.

정 중위는 이들이 무슨 일을 벌이려는지 알기 전까지 비행경로 짜는 법을 알려줄 생각이 없었다. 그래서 한번 떠보기 위해 김 대위에게 "제가 도와드리겠습니다"라고 말하기도 했다. 김 대위는 당황해하며 "아냐. 내가 알아서 할게"라고 말했다.

이후 김 대위는 정 중위 장비에 은근슬쩍 손을 대기 시작했다. 특정 파일을 누군가가 복사해 간 사실을 알아차린 정 중위도 이제 김 대위가 뭘 하는지를 틈틈이 관찰하기 시작했다.

10월 초 어느 날 밤, 몇 사람이 야근하고 있을 때, 정 중위는 김 대위가 노트북을 켜둔 채 화장실에 가는 모습을 봤다. 그는 조심스레 노트북 앞으로 다가갔다.

화면에는 평양 무인기 작전 비행경로가 떠 있었다. 백령도에서 출발해서 초도를 지나 평양 상공을 배회하고 돌아오는 경로였다. 정 중위는 휴대전화로 사진을 찍고 다시 자리로 돌아왔다. 손에 묻은 물기를 털고 나오는 김 대위가 막 사무실로 들어오고 있었다.

정 중위는 그 후로도 김 대위가 뭘 하는지 관찰했다. 이 비행이 이뤄진다면, 경로 파일은 백령도 대대장과 중대장 등에게 전달될 수밖에 없었다. 정 중위는 백령도 부대원들과 관계가 좋았다. 정 중위는 평소보다 자주 백령도 부대원들에게 사령부 돌아가는 이야기를 전해주며 그들에게 다가갔다. 때가 되면 이들로부터 뭔가를 알아낼 수 있으리라 기대하면서.

생각보다 그 때가 빨리 왔다. 10월 8일 오후 8시, 백령도 중대장한테서 전화가 왔다. 중대장은 "언제 날릴까?"라고 물었다. 정 중위는 뭔가 있음을 직감했다. 그는 짐짓 아는 체하며 "아 그거 말씀하시는 거 맞죠?" 하고 너스레를 떨었다. 그러자 중대장은 "그래 그 비닉 경로… 저번에는 몇 시에 날렸더라?"라고 물었다.

정 중위가 이어서 무슨 말을 하려는데, 거친 손이 날아와 휴대전화를 낚아채 갔다. ○○과장이었다. 과장은 정 중위 휴대전화에 귀를 대고 밖으로 나가면서 "야, 보안 유지 똑바로 하랬지?"라고 짜증 섞인 목소리로 말했다. 정 중위는 오늘 밤 평양 무인기 작전이 수행된다고 짐작했다.

이틀 뒤인 10월 11일 밤, 북한은 대한민국 무인기가 평양에서 전단을 살포하다가 추락했다고 공개했다. 내부 인원이 평양 무인기 작전에 대해 알게 되니 사령관이나 TF는 불안할 수밖에 없었다. 이후 사령관은 보안을 보다 철저히 유지하기 위해 TF마저도 배제하기 시작했다.

군사작전은 분야별로 촘촘하고 전문적인 참모조직의 보좌가 필수적이다. 당일 기상 현황은 물론, 이용할 공역에 어떤 비행체들이 비행하는지 사전에 확인하고 수시로 확인하고 직전에 확인해야 한다. 북한 내 전략표적에 이르는 비행경로를 짰다면, 해당 경로에 북한의 대드론 감시 및 요격체계가 어디에 배치됐는지를 수시로 확인하고 대응책을 마련해야 한다.

당일 비행계획이 잡힌 무인기의 기체 상태, 비행 조종사들의 교육훈련 상태 등의 점검도 필요하다. 모든 과정에서 지휘관은 참모조직의 보좌와 더불어 합참과 정보사 등으로부터 반드시 협조를 받아야 한다. 김용대 사령관은 기껏 다져놓은 사령부 역량을 반의반도 못 쓴 것이다.

김용대 사령관과 드론사 요원들은 입을 모아 무인기를 의도적으로 추락시킬 의도는 없었다고 주장한다. 그러나 2024년 6월 3일~11월 19일, 공식적으로 평양 무인기 작전과 관련된 업무가 끝날 때까지 이들은 기계적 차원에서나 운영 차원에서 무인기 추락 가능성을 급격히, 그리고 꾸준히 높여왔다.

정 중위는 내부에서 견제구를 날린 셈이다. 그는 비행경로 작성 방법을 알려주지 않았다. 어떤 임무를 위해 비행경로 작성 방법이 필요한 것인지 알고자 했다. 이는 당연한 궁금증이기도 하고 특수한 기술을 가진 전문가로서 갖춰야 할 직업윤리이기도 했다. 그는 의문을 풀기 위해 질문을 던지고, 북파 TF가 무슨 일을 하는지 관찰했다. 정 중위의 견제에 북파 TF는 위축될 수밖에 없었다.

이런 요인들이 합쳐져 결국 무인기는 평양 시내 한복판에 추락했다. 윤석열과 김용현은 북한이 무인기 추락 사실을 공개했다는 소식을 듣고 손뼉 치며 좋아했다고 했다.

무사히 돌아왔어야 할 무인기가 추락했는데 V는 왜 좋아했을까? V가 좋아하자 추락은 아무런 문제가 안 됐다. 오히려 작전 성공으로 둔갑했다. 이상한 일이 아닐 수 없다. 그러나 'V의 부대'라는 자의식으로 무장한 드론사 요원들은 아무런 의문을 품지 않았다.

대통령의 안보전략지침

드론사는 합참의 작전지휘를 받는 합동부대로 주임무는 합동작전 수행이다. 합동작전은 합동교리에 근거해 실시해야 한다. 평양 시내 전단 살포도, 말하자면 합동정보작전교리(심리전), 혹은 아직 존재하지도 않은 합동드론작전교리[41]에 근거해야 한다. 합참은 전반적인 안보 상황을 관리하며 철저하게 해당 교리에 근거해 합동부대를 지휘·감독해야 한다.

그리고 일종의 대원칙인 합동군사교리에는 바로 대통령이 제시한 국가안보전략지침이 녹아있다. 대통령의 지시로 창설된 드론사는 대통령의 지침이 녹아든 합동교리를 준수해야 하는 합참의 지휘를 받는

---

[41] 2025년 11월 현재 존재하지 않는다. 드론사 출범 직후인 2023년 9월 소요제기가 이뤄졌고, 2027년 발간될 예정이다.

합동부대다. 그러나 V는 자신과 선임 대통령들의 안보전략지침을 기반으로 수립된 작전지휘체계 밖으로 스스로 뛰쳐나가 특정 부대에 지시를 내린 것이다.

V는 국가안보전략지침을 하달함으로써 이미 'V의 지시'를 내린 것이다. 평양에 무인기를 보내라는 'V의 지시'는 내려서는 안 되는 지시였다. V도, V의 지시를 이행한 김용현, 김용대 등도 그로 인해 작전지휘체계가 무너지고 자신들도 처벌받을 수 있다는 걸 알고 있었다. 그래서 공문서를 위조하고, 관련자료 삭제를 지시했다.

대통령의 국가안보전략지침은 국방부가 국방기본정책서로 구체화하고, 합참에서는 합동군사전략서(JMS)로 발전시킨다. 윤석열은 2023년 상반기 국가안보전략지침을 국방부에 하달했다. 국방부는 2023년 8월 국방기본정책서를 펴냈고, 합참은 2023년 9월 14일 합동군사전략서를 완성했다.

합참은 국방기본정책서에 근거해 필요한 무기체계를 획득하고, 작전계획을 발전시킨다. 또한 합동군사전략서를 바탕으로 '무기체계 획득' 중심의 합동군사전략목표기획서(JSOP)와 '작전 및 대비 태세' 중심의 합동군사전략능력기획서(JSCP)를 수립해 업무의 핵심축으로 삼는다.

합동군사전략목표기획서는 모든 무기체계 획득의 첫 단계로 인식되는 국방중기계획서로 수렴된다. 이 단계에서는 구체적인 사업명과 대략적인 예산안이 나온다. 합동군사전략능력기획서는 전력환경 평가, 군사전략 목표 및 개념, 작전기획지침 등으로 구성되며 작전기획의 단계로 인식된다. 작전기획의 결과는 '작전명령'으로 전환해 활용할 수 있는 수준인 '작전계획(OPLAN)' 수립이다.

대한민국 국방기획체계 기본구도

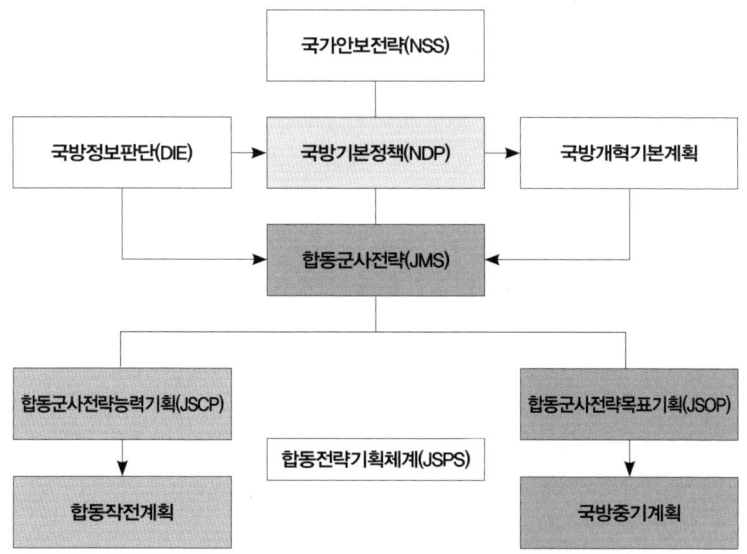

전제국. (2016). 국방기획체계의 발전 방향: 문서별 적실성과 연계성을 중심으로. 국방정책연구, 32(2), 89-124.

다소 경직되어 보이고 거추장스럽기까지 한 이 시스템이 대한민국 안보를 최소한 엇나가게 하진 않는다. 수백 명의 참모가 토의하고 검토한 결과이기 때문이다.

합참은 작전을 수행할 때 수십 수백 가지 조건과 상황을 따지는 결심지원표를 들여다본다. 각 분야의 노련한 참모들이 검토하고 또 검토한다. 결심 조건이 충족되지 않으면 해당 작전은 실행되지 않는다.

군사작전은 국민의 생명과 재산에 막대한 영향을 주므로 극도의 신중함을 요구하기 때문이다. 따라서 엄중한 군사작전 실행 절차와 그 파급력을 누구보다 잘 아는 군인들이 그 자체로 무효인 V의 평양 무인기 작전 지시를 맹목적으로 따른 건 군의 수치가 아닐 수 없다.

3장
백령도의 야간 비밀작전

백령도에서 바라본 서해. 이규정.

2024년 10월 8일 오후 8시경, 백령도 주변에서는 몇몇 어선이 불빛을 내고 있었다. 파도가 규칙적으로 바위에 부딪히는 소리가 들렸다. 산등성을 타고 구불구불하게 나 있는 도로를 가로등이 뜨문뜨문 비추고 있었다.

길이 끝나는 곳에 굳게 닫혀있는 사람 키 두 배 높이의 철문이 있었다. 문 앞에 승용차 한 대가 서있다. 창문이 열리고 김 상사가 고개를 내밀었다. 가로등 불빛에 운전석에 앉은 김 상사의 그을린 얼굴이 드러났다. 조수석에는 김 상사의 3년 후배인 최 상사가, 뒷자리에는 5년 후배인 고 상사가 앉아있었다. CCTV를 확인한 근무자의 목소리가 인터컴에서 흘러나왔다.

"드론사에서 오셨습니까?"
"네, 수고하십니다"
"들어가십시오"

문이 열리자 승용차는 부대 안으로 천천히 들어갔다. 넓게 펼쳐진 활주로를 따라 가로등 몇 개가 줄지어 있었고, 활주로 왼편으로 건물 3, 4층 높이의 육중한 콘크리트로 만들어진 헬기 격납고들이 나란히 서 있었다.

김 상사는 정문에서 가장 멀리 떨어진 격납고 쪽으로 차를 몰았다. 격납고 입구마다 가로등과 함께 CCTV가 설치돼 있었다. 날벌레들이 가로등 주변을 맴돌았다. 가로등이 헬기가 드나드는 커다란 입구를 비추고 있었다. 하지만 입구를 5m만 지나면 칠흑 같은 어둠이었다.

김 상사는 정문에서 가장 멀리 떨어진 격납고 쪽으로 차를 몰았다. 격납고 입구마다 가로등과 함께 CCTV가 설치되어 있었다. 날벌레들이 가로등 주변을 맴돌았다. 입구 밖은 칠흑같은 어둠이었다.

내색은 하지 않았지만 김 상사는 심장이 더 빨리 뛰는 걸 느꼈다. 비밀임무는 일을 완벽하게 해내는 에이스들에게 주어진다. 실수 없이 성공시켜야 했다. 그는 자부심과 책임감을 강하게 느끼고 있었다.

최 상사는 자신이 군인으로서 정점에 올랐다고 생각했다. 50만 장병 중 몇 사람이나 실제 작전을 해봤겠는가? 그는 어떤 훈련에서도 느끼지 못했던 긴장과 흥분을 느꼈다. 두 사람보다 경력이 짧은 고 상사는 에이스들에게 잘 보여야 된다는 생각에 사로잡혔다.

이들은 V의 지시를 받고, 북한의 저열한 오물풍선 도발에 한 방 제대로 먹이기 위한 회심의 작전을 수행하려고 이곳에 왔다. 김 상사는 끝에 위치한 격납고 앞에 차를 세웠다. 세 사람은 차에서 내려 어둠 속에 완전히 가려진 작전차량으로 이동했다. 김 상사가 "한 번 잘 해봅시다"라고 말하자, 최 상사와 고 상사가 동시에 "네 알겠습니다"라고 대답했다.

김 상사는 작전차량의 콘솔을 조작해 조명을 켰다. 차량 위에 튀어나온 조명이 활주로 바닥을 비췄다. 조명은 서로 얼굴이 보일 정도로 환했다. 김 상사는 보조석 옆에 놓인 노트북 가방과 조종기를 꺼냈다.

노트북에는 무인기 지상통제 소프트웨어가 설치돼 있었다.

최 상사와 고 상사는 차량 트렁크를 열었다. 거대한 악기 보관함 같은 금속상자가 4개, 발사대, 그리고 안테나가 있었다. 두 사람은 보관함을 하나씩 끄집어냈다. 보관함마다 일련번호가 적힌 종이가 붙어있었다. 14호기, 25호기, 34호기, 그리고 곧 평양에 추락하게 될 74호기. 두 사람은 기체와 장비 모두를 활주로 바닥에 펼쳐놨다.

최 상사와 고 상사는 발사대를 펴고 그 위에 74호기를 얹었다. 21시 55분이었다. 김 상사가 "시동 걸어도 되겠습니다"라고 말하자, 최 상사가 "네" 하고 기체에 시동을 걸었다. 35cc 엔진이 소형 오토바이 소리 비슷한 소리를 내며 힘차게 돌아갔다. 최 상사가 집중해서 듣더니 "엔진 이상 없습니다"라고 말했다. 고 상사는 다른 기체들의 연료가 충분한지 점검하기 위해 연료통 캡을 하나씩 열어보고 손전등으로 비춰보고 있었다.

김 상사는 엔진소리를 들으며 조종기를 집어 들었다. 조종기로 좌우주익과 수직미익을 작동해 봤다. 무인기의 주익은 'elevon'이라고 하는데, 기체의 상하 움직임과 좌우 기울기를 담당한다. 'rudder'라고 불리는 미익은 수직꼬리날개인데, 좌우 회전 움직임을 제어한다.

김 상사는 날개를 하나하나 조종하며 정상적으로 신호가 가는지, 반응속도는 어떤지 등을 점검했다. 오늘 명령은 불과 2시간 전에 받았다. 그럼에도 관리상태는 우수했다. 김 상사는 흡족했다.

이제 무인기에 임무 좌표를 넣을 차례였다. 김 상사는 무인기 기체가 담긴 상자 위에 노트북을 펼쳤다. 그는 큐 그라운드 컨트롤(Q Ground control) 프로그램을 켰다. 소형정찰드론1형에 사이버보안 테스트를 시행했던 사이버사령부의 화이트 해커는 보안이 좀 더 강화된 미션 플래너(Mission Planner)[42] 프로그램을 쓰라고 권고했다.

그러나 드론사 요원들은 인터페이스가 더 편리하고 직관적인 큐 그라운드 컨트롤 프로그램을 주로 썼다. 프로그램을 실행하자 보라색 로고와 함께 위성지도가 나왔다.

김 상사는 기체에 장입할 경로 파일을 열었다. 그러자 지도 위에 주황색 선이 생성됐다. 백령도에서 북쪽으로 향하는 경로가 주황색 선으로 표시되어 있었고, 경로가 꺾이는 곳마다 숫자가 쓰여 있었다. 평양진입 경로와 백령도 복귀 경로가 함께 적힌 것이었다.

백령도는 1과 69가, 백령도로부터 북쪽으로 60km 정도 떨어진 초도에는 5와 65가 함께 표시되어 있었다. 백령도로부터 130km 북동쪽에 있는 남포시 강서군 위에는 7과 63이 함께 있었다. 강서군은 주석궁으로부터 20km 거리에 있다. 7개 지점만 찍고 130km가량을 이동한 기체는 평양 시내에서 50개 이상의 웨이포인트(waypoint · 중간지점)를 찍게 되어있었다.

김 상사는 마우스를 움직이며 경로를 일일이 확인했다. 평양 시내

---

[42] Mission Planner는 인증과 암호화 알고리즘을 자체적으로 제공하므로 좀 더 보안성이 높다. 인증은 기체가 수신하는 신호가 우리 측이 보낸 것인지 확인하는 것이고, 암호화는 우리 측 지상통제장치와 송수신하는 신호의 해석을 불가능하게 하는 조치다.

는 50개 이상의 웨이포인트가 어지럽게 찍혀있어 최대한 확대해서 들여다봐야 했다. 웨이포인트는 국방성, 총참모부, 만수대의사당, 노동당 청사, 15호 관저, 용성특각, 용성1호역, 국가보위성, 원자력 공업성, 정찰총국, 김일성광장, 주체사상탑, 김일성경기장, 조국해방전쟁승리기념관, 금수산기념관, 김일성종합대학, 능라도경기장, 김일성·김정일 동상, 대성산혁명열사릉 등 위에 떠 있었다.

그는 '전송' 버튼을 눌렀다. 경로는 74호기에 무사히 들어갔다. 경로를 넣고 10분 정도 돌리고 나서 시동을 껐다. 두 사람은 이번엔 34호기에 시동을 걸었다. 최 상사는 엔진소리를 확인했고, 김 상사는 74호기에 넣은 좌표를 똑같이 34호기 기체에 넣고 10분 돌리고 시동을 껐다. 25호기, 14호기도 이렇게 좌표를 넣고 시운전을 했다. 김 상사가 14호기의 시동을 끄자 다시 풀벌레 소리가 들려오기 시작했다. 이로써 4기의 무인기가 임무를 수행할 준비를 마쳤다.

소형정찰드론1형을 운용하는 부사관들이 비행 후 기록하는 비행이력카드가 있다. 이날의 기록을 보면, 4대를 시운전한 게 확인된다. 최 상사는 발사대로 다가가서 다시 시동을 걸었다. 그러고는 기체에 장착된 자이로 센서를 보며 발사대 위에 얹어진 74호기가 발사대와 수평 상태인지, 적정한 각도로 발사대 위에 놓였는지를 확인했다.

기체는 12.7도 상승 각도로 정상적으로 발사 준비를 마친 상태였다. 최 상사가 김 상사를 쳐다보며 "수평, 각도 다 맞습니다"라고 말했다. 김 상사는 고개를 끄덕이더니 조종기 버튼을 조작하기 시작했다.

발사대는 엔진소리보다 더 큰 굉음을 내며 시속 50km 속도로 무인기를 하늘로 날려 보냈다. 기체는 곧 어둠에 파묻혔다. 오토바이를 연상시키는 엔진소리도 점점 줄어들더니 아예 들리지 않았다. 이들은 나머지 3개 기체도 순서대로 북쪽으로 보냈다. 이 기체들은 약 4시간 후 이곳에 다시 돌아오도록 설정돼 있었다.

김 상사는 자신이 보낸 무인기가 평양에서 전단을 뿌렸다는 사실이 김정은에게 보고되는 장면을 상상했다. 보고자가 "남조선에서 보낸 것은 거의 확실한데 물증이 없다"든가 "우리가 오물풍선 보냈다고 보복한 것 같습니다" 따위의 말을 하고 수령에게 한 소리 들을 것 같았다. 북한은 물증이 없으니 대처할 방안을 마련하는 게 쉽지 않을 것이다. 김 상사는 통쾌하기까지 했다.

왕복 450km 거리를 비행하는 무인기는 다음날인 9일 새벽 2시경에 백령도로 돌아와 착륙하게 돼 있었다. 9일 새벽 2시 파도 소리만 간간이 들리는 고요한 백령도 기지에서 3명의 드론사 요원은 수시로 모니터를 점검하며 평양에서 돌아올 무인기 4대를 기다렸다. 이 무인기는 야간 비행 시 켜는 램프가 없다. 무인기가 야간 비행을 마치고 무사히 돌아온다면, 소리부터 들릴 터였다.

다행히 오래된 선풍기 소리 같은 프로펠러 소리가 멀리서 들려왔다. 김 상사와 최 상사는 동시에 그 소리를 들었다. 김 상사는 물고 있던 담배를 깊이 빨아들였다. 최 상사는 "왔다!"라고 짧게 소리를 질렀다.

최 상사는 조종기를 집어 들고 무인기를 착륙시킬 준비를 했다. 김 상사는 지상통제장치를 보며 무인기 신호가 잡히는지 확인했다. 신호는 무난하게 잘 잡혔다. 최 상사가 "조종 잘 됩니다"라고 말했다. 최 상사는 평양에 침투한 4대 중 처음 돌아온 25호기의 고도를 낮췄다. 그리고 낙하산을 펼쳤다.

25호기는 다소 기체가 흔들리긴 했지만 02시 35분 무사히 착륙했다. 그리고 30분 후에는 14호기가 돌아왔다. 다시 10분이 지난 03시 15분, 34호기가 안전하게 착륙했다.

그런데 가장 먼저 날린 74호기가 안 보였다. 김 상사는 속도가 떨어져 돌아오지 않는 거라고 생각했다. 그렇게 한 시간이 지나갔다. 여전히 74호기는 돌아오지 않았다.

김 상사는 다시 담배를 물고 깊게 들이켰다. 최 상사가 김 상사에게 "일단 대대장에게 보고합시다"라고 말했다. 김 상사가 고개를 끄덕였고, 최 상사는 대대장에게 무전을 쳤다.

"74호기가 안 돌아옵니다."

대대장은 아찔했다. 그는 최 상사에게 "진짜 안 돌아옵니까? 위치가 뭔가 잘못된 거 아닙니까? 위치를 좀 옮겨서 신호를 받아보세요"라고 속사포같이 퍼부었다. 대체 어디에 추락했을지 알 수 없었다. 인적이 드문 야산에 떨어졌다 하더라도 며칠 안에 북한당국이 수거할

2024년 10월 8일 소형정찰드론1형 비행이력카드

비행체	비행시간		비행거리	상태	기타
74호기	21:55–22:05	10분	0km	이상무	신속점검
34호기	22:12–22:22	10분	0km	이상무	신속점검
25호기	22:25–22:35	10분	0km	이상무	신속점검
14호기	22:40–22:50	10분	0km	이상무	신속점검
14호기	23:00–03:05	245분	469km	이상무	야간비행훈련
25호기	23:10–02:35	205분	460km	이상무	야간비행훈련
34호기	23:20–03:15	235분	465km	이상무	야간비행훈련

것이었다. 대대장은 무인기가 서해에 빠졌기를 간절히 바랐다. 그는 시커먼 바닷물이 거품을 일으키며 무인기를 삼키는 모습을 떠올렸다. 제발 그랬기를 바랐다.

대대장이 아무리 상사들에게 다그쳐봐야 "74호기 신호가 안 잡힙니다" "74호기가 안 돌아옵니다" 따위의 응답만 돌아왔다. 대대장이 김용대 사령관에게 전화를 걸었다. 대대장과 사령관은 상사들에게 "위치를 옮겨서 무인기 신호를 받아보라"라고만 닦달했다.

그러나 곧 사령관도 부질없는 일임을 깨달았다. 사령관은 동이 트기 전, 요원들에게 철수하라고 지시했다. 사령관은 사전에 물론 추락 가능성이 있다고 '상부'에 보고했다. 그런데 실제로 그런 일이 닥치자, 평정심을 유지하기 어려웠다.

김 사령관은 비화폰을 들고 여러 사람에게 전화를 걸었다. 육사 한 기수 후배지만 상급자인 이승오 합참 작전본부장은 "무인기 관리를 어떻게 했길래 돌아오지 않느냐"고 화를 냈다. 사령관은 변명인지 설명인지 불분명한 이야기를 했다. 하지만 그는 무인기의 위치와 상태를 전혀 몰랐다. 그의 모든 말은 추측에 불과했다.

상사들은 무사히 돌아온 무인기 3대를 각각 날개를 접어 전용 상자에 넣고 쏠라티에 실었다. 74호기 상자만 빈 상태로 쏠라티는 창고로 이동했다.

이때 74호기는 평양 형제산 구역 서포1동 76인민반 지역 푸른 단풍나무에 걸려 있었다. 기수가 바닥을 향하고, 날개는 나뭇가지에 걸려 고정됐다. 기체에는 전단 수천 장을 실은 전단통도 그대로 달려있었다. 초가을 바람에 단풍나무가 흔들릴 때마다 74호기도 함께 흔들렸다.

김 상사는 부대로 돌아와 컴퓨터 앞에 앉았다. 그는 켜둔 엑셀 파일을 가만히 보고만 있었다. 훈련이든 작전이든 무인기 비행을 하고 나면 비행일지를 작성해야 한다. 돌아온 무인기 3대의 비행거리, 연료 소모량 등을 적었다. 74호 비행일지는 어떻게 적어야 할지 망설였다.

김 상사는 평소보다 담배를 더 피웠다. 그는 담배를 입에 물고 대대장에게 전화를 걸었다. 당황한 대대장도 뾰족한 수가 없었다. 대대장은 상사들이 비행일지를 작성하는지 어쩌는지 구체적인 사항은 잘 알지 못했다. 그냥 어련히 잘하겠거니 하는 건지 관심이 없는 건지 알 수 없었다.

대대장은 "수고했다"는 이야기만 반복했다. 무의미했다. 그는 대대장과 이야기를 마친 후 74호기 비행일지를 공란으로 둔 채 화면을 멍하니 바라봤다.

그가 바라본 화면은 아래와 같았다. 평양에 보낸 4대의 기체는 21시 55분부터 22시 50분까지 연달아 시운전을 했다. 돌아온 3대의 비행거리는 각각 460, 469, 465km로 기록됐지만, 74호기는 시운전만 하고 비행하지 않은 것으로 처리됐다. 김 상사는 마우스를 드래그해서 다른 기록도 살펴봤다. 시운전을 하면 반드시 비행한 것으로 기록됐다. 그런데 2024년 10월 8일 시운전한 무인기 4대 중 한 대만 예외적으로 비행기록이 없었다.

패턴과 다른 기록은 이목을 끌고 의심을 불러일으킨다. 김 상사는 74호기와 관련해 뭐라도 적고 싶었다. 그러나 드론사 근무 1년가량 몸에 밴 습관이 이를 막았다. 김 상사는 그래도 군인이라면 정직해야 한다고 생각했다. 게다가 딱히 뭘 하라는 지시도 없었다. 김 상사는 고민만 하다가 컴퓨터 전원을 끄고 사무실 밖으로 나왔다.

이후 김 상사는 눈에 띄게 불안한 모습을 보였다. 회식 자리에서 잘하지도 못하는 술을 인사불성이 될 때까지 마셨다. 대한민국이 보냈다는 흔적을 남기지 않기 위해 할 수 있는 모든 조치를 했지만, 북한이 당연히 알 터였다. 군인으로서 명령대로 했을 뿐이라고 스스로에게 말해봤지만, 별소용이 없었다. 북한이 수거하고 분석을 끝낸 뒤 우리에게 비난을 퍼붓고, 어쩌면 보복할 수도 있었다. 그는 그 보복에 우리 국민이나 군인이 죽거나 다친다면 견딜 수 없을 것 같았다.

  10월 11일 오후 8시 15분, 김 상사는 벌써 술에 취했다. 김 상사는 부대원이 보내준 카카오톡을 확인했다. [속보] 북 "한국이 평양에 무인기 침투시켜⋯모든 공격수단 활동 태세". 김 상사는 눈을 질끈 감고 잠시 가만히 있었다. 그는 깊은 한숨을 내쉬더니 대대장에게 전화를 걸었다. "이제 어떻게 되는 겁니까?" 역시 실시간으로 뉴스를 접했던 대대장은 시급히 할 일이 있음을 알았다. 대대장은 김 상사에게 "일단 만나자"라고 말했다.

  대대장은 국회 국방위원회 위원에게 대면 설명을 하기 위해 자료를 만들고 국회의원과 보좌진을 만난 적이 있었다. 10월 국정감사 때 국회와 언론이 경쟁적으로 기사를 내보내는 상황도 여러 차례 겪었다. 국감이 2주일도 남지 않은 때였다. 대대장은 어떻게 된 일이냐고 묻는 수많은 입을 상상했다.

  누군가가 무인기 재고를 다 확인해 보자고 나서고, 국방부가 재고를 확인하는 장면을 떠올렸다. 재고표에는 74호기가 있었지만, 보관 창고를 아무리 뒤져도 74호기가 나오지 않는다. 사람들이 74호기는 어디에 있냐고 묻는다. 다행히 사령관에게서 연락이 왔다. 74호기가 훈련 중 망실된 것으로 꾸미라는 지시였다고 한다.

김 사령관은 추락 문제를 수습하랴, 새로운 작전을 고안하랴 바빴다. 그는 평양에 드론사 무인기가 아닌 '북한 무인기'를 보내 전단을 살포하는 방안을 고려했다.

  마침 국과연은 2016년 우리 지역에 침투했다가 추락한 북한 무인기를 복제해둔 상태였다. 드론사는 즉각 국과연으로부터 이 무인기들을 이관받았다.

  김 사령관은 별도 팀을 꾸려 북한 무인기를 이용한 전단작전을 준비했다. 평양 시내에 추락하더라도 드론사가 하지 않았다고 잡아뗄 요량이었다.

  그런데 북한 무인기들은 기대와 달리 충분히 성능을 발휘하지 못했고, 김 사령관은 이 계획을 포기했다. 성능만 받쳐줬다면 드론사는 새로운 유형의 전단작전을 실시했을 것이다.

4장
추락한 무인기와 가짜 비행이력카드

평양에 추락한 드론사 무인기. 조선중앙통신.

다음날인 10월 12일, 대대장과 김 상사는 부대에서 만났다. 대대장은 74호기 문제를 해결할 방안을 설명했다. 대대장은 이른 시일 안에

74호기 비행훈련계획을 수립하자고 했다. 74호기가 정상 이륙했지만 돌아오지 않았다고 서류를 꾸미면 되는 거 아니냐는 것이었다. 평상시에 비행훈련 하듯이 2, 3대를 함께 날려 보낸다고 하고 그중에 74호기를 포함시키면 된다는 것이었다. 대대장은 한참을 종이에 그려가며 설명했다. 그리고 본론을 꺼냈다.

"이 방법뿐이다."

대대장은 김 상사를 똑바로 쳐다봤다. 김 상사는 겁이 났다. 이건 작정하고 사기를 치자는 이야기였다. 김 상사는 김용대 사령관을 떠올렸다. 사령관 생각은 어떤지 궁금했다. 김 상사는 대대장에게 "사령관에게 보고해야 하지 않습니까?"라고 말했다. 대대장은 "알고 계신다"라고 답했다. 이미 대대장은 김용대 사령관으로부터 조작 지시를 받은 터였다. 그에 앞서 김 사령관은 김용현 장관과 '훈련중 추락한 것으로 처리하자'고 협의한 것으로 전해진다.

군인은 복종이 몸에 밴 사람들이다. 김 상사는 사령관이 알고 있다는 말을 듣자마자 수긍하기 시작했다. 불안감이 가시고 편안한 마음이 됐다.

군 생활은 대체로 이렇다. 별의별 문제가 생기고 갈등이 깊어지더라도 상급자가 수습을 위해 어떤 지시를 내리면 군인들은 편안함을 느낀다. 그 방안에 동의하지 않더라도 상급자가 결정하면 시스템이 돌아간다는 느낌을 받는다. 어쨌거나 결정을 내린 것이고, 그 결정에 따르는 책임까지 지겠다는 표시이기 때문이다.

김 상사는 자신이 무슨 일을 해야 할지 생각했다. 그는 대대장에게 "그럼 제가 내일모레 비행훈련계획 일정 잡아서 올리겠습니다"라고 말했다. 대대장이 가볍게 고개를 끄덕였다. 김 상사는 자기 자리로 돌아가 최근에 만들어둔 훈련계획 파일 하나를 열었다. 가로로 눕힌 A3 용지가 3분할로 나뉘어 있고, 가장 잘 보이는 한가운데에 백령도 지도와 비행훈련 경로가 선으로 표시돼 있다. 그리고 그 위에 각 경로를 통과하는 정확한 시간이 기재돼 있다.

김 상사는 문서 제목을 '[백령] 정찰드론중대 숙달비행훈련'으로 잡았다. 우선 10월 15일을 훈련일로 적었다. 근무자 명단과 기체 점검 상태를 중점적으로 적으면 됐다. 그는 먼저 10월 15일 근무자 명단을 짰다. 그날 함께 작전을 수행한 최 상사와 고 상사의 이름을 근무표에 넣었다. 두 사람에게는 미안했지만 이건 명령이었다.

김 상사는 작전 하루 전과 작전 당일 실행할 임무를 적었다. 'D-1 10월 14일. 비행 전 장비 점검, 작전반장의 실습계획표 보고'... 이어 작전 당일의 운용 절차를 쭉 적어 내려갔다.

그러다가 비행할 무인기의 최근 이력을 적는 대목에서 김 상사는 손을 멈췄다. 10월 9일에도 그는 74호기의 비행이력카드를 적다가 멈췄다. 북한에 추락한 탓에 비행거리를 적을 수 없었던 것이다.

이번에도 마찬가지였다. 최근 비행일을 적을 수 없었고, 비행거리,

비행시간, 비행 횟수 그 어느 것도 적을 수 없었다. 반면, 함께 비행하는 75호기의 최근 이력은 상세하게 써 내려갈 수 있었다.

김 상사는 평양 무인기 작전과 관련해 거짓 기록을 남기는 게 꺼림칙했지만, 사령관이 대대장을 통해 자신에게 내린 명령에 복종하기로 했다. 절대다수의 군인은 그처럼 행동했을 것이다.

명령을 따르는 것은 군인의 본분이다. 그는 그렇게 되뇌었지만, 수치심과 당혹스러움은 가시지 않았다. 그는 군인의 처지가 고약하다고 생각했다. 십수 년간 그에게 복종을 요구했던 군은 이제 부당한 명령에도 복종하라고 요구하고 있었다.

평양에 추락한 기체를 날린다?

10월 15일 아침, 김 상사는 다시 최 상사, 고 상사와 함께 작전차량 앞에 섰다. 세 사람은 아무 말이 없었다. 이들은 육군 헬기장 활주로에 무인기와 각종 장비를 모두 꺼내놨다.

훈련계획에는 74호기와 75호기를 날리는 것으로 돼 있지만, 활주로에 나와 있는 무인기는 75호기뿐이었다. 김 상사는 75호기를 시험 운전하고 09시 31분에 무사히 이륙시켰다. 세 사람은 LTE망을 이용하는 무인기 추적 장치로 75호기가 5개 경로를 지나 돌아오는 34분 동안 아무 말을 하지 않았다.

75호기가 무사히 돌아오자, 최 상사가 75호기의 미터기를 확인해

2024년 10월 15일 소형 정찰드론1형 비행이력카드

비행체	비행시간	비행시간	비행거리	상태	기타
75호기	09:18–09:23	5분	0km	이상무	신속점검
75호기	09:31–10:05	34분	57km	이상무	수준유지비행
74호기	09:25–09:27	2분	0km	이상무	신속점검
74호기	09:30	0분	0km	비행출격 기체 미복귀	수준유지비행

수첩에 기록했다. 그러고는 75호기와 각종 장비를 다시 차에 싣고 사무실로 복귀했다.

  김 상사는 다시 컴퓨터 앞에 앉아 비행이력카드 파일을 열었다. 75호기 비행기록은 있는 그대로 비행시간과 거리 등을 적었다. 이제 74호기에 대해 기록할 차례였다.

  10월 15일 오전 11시, 74호기는 평양에 있었지만, 자신이 74호기를 작동시켰다고 적었다. 구체적으로 74호기를 09시 25분부터 2분간 예열하고, 09시 30분부터 비행했다고 적었다. 그리고 74호기가 복귀하지 않았다는 내용도 적었다. 그는 눈을 감고 고개를 푹 숙인 채 두 손으로 얼굴을 감싸며 괴로워했다.

  이건 그저 부대 운영 차원에서 기록하는 비행이력카드일 뿐이다. 비행이력카드에는 마치 자동차 운행일지, 보일러 운행일지처럼 종종

거리나 소모한 연료량 등과 관련해 소소한 거짓 기록이 담기기도 했다. 하지만 100km 운행한 걸 50km 운행했다고 한 것과 대당 3,000만 원 정도 하는 무인기 망실 사유를 거짓으로 기록하는 건 경중이 한참 달랐다.

군수품관리법 시행령 제42조(손·망실의 기록과 보고 등) ①물품출납공무원과 물품운용관은 그가 보관하고 있거나 국가의 사무 또는 사업의 목적과 용도에 따라 사용하게 하는 군수품을 잃어버리거나 훼손했을 때는 지체없이 그 사실을 물품관리관에게 보고해야 한다. 소형정찰드론1형의 물품운용관은 비행반장인 김 상사이고, 물품출납공무원은 대대장이었다.

소형정찰드론1형 74호기는 군수품이다. 군인이 군수품을 잃어버리거나 훼손했을 경우 해당 부대는 군수품관리법에 따라 이를 국방부 감사관실에 보고해야 한다. 이에 따라 드론사는 감사관실에 △군수품 손망실 보고서 △망실·훼손보고서 △단가 및 감사 확인서 △단가 및 감사 신청서 △사용자 손망실 보고서 등 5종의 서류를 제출해야 한다. 자체적으로 사고조사위원회를 구성해서 감사관실에 제출할 보고서를 승인하는 절차도 수반된다.

물품사용공무원은 김 상사다. 먼저 김 상사가 사용자로서 망실보고서를 써야 했다. 김 상사는 육하원칙에 맞게 최대한 상세하게 2024년 10월 15일 비행에 대해 썼다. 비행시간은 비행이력카드에 적힌 그대로 기술했다. 요지는 김 상사가 백령도 군기지에서 09시 30분에 74

호기를 해상으로 띄웠으며, 귀환 시점보다 30분 이상 더 기다려봤지만 돌아오지 않았다는 내용이었다.

집단 공문서위조

김 상사는 보고서에 서명했다. 대대장은 물품관리관으로서 망실보고서를 작성했다. 부대장으로서 김 상사가 쓴 내용이 사실임을 확인하는 취지의 보고서였다. 대대장도 보고서에 서명했다.

드론사는 참모장을 조사위원장으로 삼아 고위 간부 7명으로 사고조사위원회를 구성했다. 사고조사위원회는 10월 15일 74호기의 비행훈련 과정에서 김 상사와 대대장의 귀책 요인을 발견하지 못했다. 74호기를 수거하지 못해 어떤 부품에서 오작동이 있었는지 확인하지 못했다는 내용의 사고조사결과보고서를 작성했다. 참모장을 포함해 7명의 사고조사위원이 모두 서명한 후 김용대 사령관이 최종 결재를 했다.

김 상사, 대대장, 사고조사위원회 위원 7명, 그리고 김 사령관까지 총 10명이 직접적으로 허위공문서 작성에 관여했다. 드론사는 이 허위공문서를 2025년 2월 6일 국방부 감사관실로 송부했다.

드론사가 국방부 감사관실에 불용 처리하겠다고 신고한 소형정찰드론1형은 모두 8대였다. 그중 2024년 10월 15일과 2024년 12월 19

일 손망실 건만 해당 무인기를 수거하지 못했다. 드론사는 나머지 6건에 대해서는 엔진 정지, 공기속도 센서 결함, 난기류 등의 추락 사유를 댔지만, 수거하지 못한 2건에 대해서는 사유를 적지 못했다.

드론사로부터 손망실 보고서를 접수한 국방부 감사관실은 군수품관리법 제22조 3항에 따라 감사원에 관련 내용과 사용자의 변상책임 여부를 통보해야 한다. 감사관실은 드론사가 제출한 서류를 검토한 결과 사용자 무책으로 판단하고, 이를 감사원에 통보했다. 감사원이 이를 무책으로 처리할 경우 김 상사는 배상의무를 면하게 된다. 감가상각에 따른 무인기 망실 손해액은 2,390만 원이었다.

이상의 과정은 명백히 조직적인 공문서 조작이며, 허위 보고를 통해 배상의무를 면하게 했으므로 국고 횡령에 해당할 것이다. 하지만 김용대 전 드론사령관은 2025년 7월 17일 내란 특검 조사를 받은 후 취재진을 만나 "군사작전으로 인해서 그렇게 할 수밖에 없었던 상황이고, 행정 미숙으로 인한 것이다. 저를 포함한 부대원들이 형사처벌을 받을 수도 있다고 생각하니까 너무 안타깝다"라고 말했다.

김용대는 김용현 장관이든 이승오 작전본부장이든 상급자의 명령에 복종한 것뿐이니 "그렇게 할 수밖에 없었던 상황"이라고 말했을 것이다. 명령에 복종했으므로 자신과 드론사 모두 보호받을 거라고 생각했는지도 모른다. 순진한 생각이었다.

내란 특검은 김용대에게 군수품관리법 위반 혐의도 적용해 구속영장을 청구했다. 비록 법원의 영장 기각으로 구속은 면했지만, 기소는

피할 수 없었다. 특검은 그를 위계공무집행방해, 허위공문서 작성 등 12가지 혐의로 기소했다.

김용대는 부당한 명령에 복종하며 스스로 불법행위를 저질러야 했다. 부당한 명령에 대한 복종에는 불법행위가 뒤따를 수밖에 없었다. 부당한 명령은 김용현에서 김용대로, 김용대에서 김 상사에게로 이어졌다.

5장
조작의 시간-표창, 증거인멸, 부실조사

무인기 북파 작전은 2024년 10월 3일을 기점으로 11월 19일까지 실시된 것으로 알려져 있다. 무인기는 백령도 지역대대, 경기 ○○ 지역대대, 그리고 강원 ○○ 지역대대에서 비행했다.

그중 ○○ 부대는 무인기 형상 개조 작업을 했던 드론교육연구센터와 가까워 무인기 북파 작전이 자주 실행됐다고 한다. 한번에 2~4대씩 10여 차례 보냈으며, 총 20대 가량이라고 한다. 그렇다면 대체 몇 사람이나 직간접적으로 관여한 것일까?

복수의 제보자는 표창장 수여 명단을 보라고 조언했다. 과연 드론사는 2024년 11월 18일 국방부 장관·합참의장·합참 작전본부장 표창을 받을 추천자 명단을 확정해 국방부와 합참에 보고했다.

추천된 25명은 드론사 작전을 총괄하는 정보작전처장부터 무인기를 직접 날리는 예하 대대의 부사관들까지, 그야말로 무인기 작전의 지휘부부터 말단 실무자까지를 포괄한다. 정보·작전을 총괄하는 정보작전처, 무인기 비행을 통제하는 실무 부대, 정보와 보안 업무를 총괄하는 인원들이 명단에 포함됐다. 3D프린터로 전단통을 제작한 것으로 추정되는 드론교육센터에서도 센터장을 포함해 여러 명이 이름을 올렸다.

표창으로 안심시키려던 김용현

군은 표창 수여를 통해 작전의 정당성을 부여하려 했다. 평양에 무인기 한 대가 추락한 이후 10월 11일 북한이 비난 성명을 발표하자 국내에서도 "의도적인 긴장 조성"이라는 비판이 높았다. 표창 수여는 동요하지 말라는 취지로 추진됐다.

표창 추천서는 11월 18일 문서등록대장에 등록되었는데, 이례적으로 드론사 부대원들에게는 비공개 처리되었다. 통상 표창 건의 문서는 부대원에게 공개되지만, 11월 18일 올린 문서 4건만 비공개로 분류된 것이다.

4건의 문서는 24년 장관 수시표창 추천자 명단 보고, 24년 장관 계획표창 추천자 명단 보고, 24년 합참의장 수시표창 대상자 추천 보고, 그리고 24년 작전본부장 수시표창 추천자 명단 보고다.

드론작전사령부 표창 공문서 목록

보고 일자	제목	수(발신자)	상태
24.11.18	[드론작전사령부] '24년 장관 수시표창 추천자 명단 보고	국방부 장관 (병영정책과장)	내용 비공개
24.11.18	[드론작전사령부] '24년 장관 계획표창 추천자 명단 보고	국방부 장관 (병영정책과장)	내용 비공개
24.11.18	'24년 합참의장 수시표창 대상자 추천 보고	합참 군사지원본부장	내용 비공개
24.11.18	'24년 작전본부장 수시표창 추천자 명단 보고	합참 작전본부장	내용 비공개

드론작전사령부 내부 자료 가공.

표창 추천 사유도 일반적인 추천 사유와 확연히 달랐다. 드론사는 2024년 총 65명을 표창 추천 명단에 올렸다. 대부분 사유가 각종 기념일, 혹은 훈련·전투실험 유공이다.

그러나 11월 18일 추천된 25건 중 24건에는 '드론작전태세 확립'이라는 표현이 있다. 물론 6월 16일에도 드론작전태세 확립을 사유로 2명을 표창 후보자로 추천했는데, 이들 역시 무인기 작전 시 상황 통제 임무를 수행하는 사령부 지휘통제실 소속, 그리고 강원 ○○ 지역 대대 소속 인원이었다.

증거인멸에 반발한 군인들

표창 추천 공문을 올린 지 보름만인 2024년 12월 3일 윤석열 대통령은 비상계엄을 선포했다. 비상계엄은 6시간 만에 해제되었다. 그리고 12월 14일, 국회는 204명의 찬성으로 대통령 탄핵소추안을 가결했다.

드론사 부대원들은 눈에 띄게 동요하기 시작했다. 대통령이 특별히 창설한 부대, 대통령이 지시하면 움직이는 부대의 운명에 어두운 그림자가 드리운 듯했다.

12월 10일 열린 국회 국방위원회 전체회의에는 김용대 사령관이 출석했다. 거의 모든 여야 의원이 북한에 무인기를 보낸 사실이 있는지 김 사령관에게 집요하게 물었다.

그러나 김 사령관은 이와 관련된 모든 질문에 대해 "확인해 드릴 수 없습니다"라는 말만 반복했다. 이어 증언석으로 불려 나온 이제승 정작처장도 같은 답변을 했다. 오전 10시 04분에 시작한 회의는 오후 11시 59분에 산회했다.

전체회의를 지켜본 드론사 요원들은 더욱 흔들렸다. 사령관도 부대원들의 동요를 감지하고 있었다. 얼마 후 사령관과 참모들이 대책회의를 열었다. 이들은 무인기 북파 관련 자료가 남아 있는지 점검했다. 사령부, 드론교육센터, 예하 3개 지역대대에 관련 자료가 있었다. 센터가 지역대대를 방문해 자료를 직접 삭제하기로 결정했다.

12월 중순부터 해가 바뀔 때까지 센터를 중심으로 광범위한 은폐 작업이 진행됐다. 먼저 센터 내 모든 컴퓨터를 포맷하고, 문서세단기를 가동해 자료를 삭제했다. 지역대대에도 출장을 가서 관련 자료를 모두 삭제했다. 비행계획 수립을 위해 생산한 여러 문서가 삭제됐다.

그러나 상부로부터 거짓말을 강요당했던 김 상사는 혹시 모른다는 생각에 북파 작전을 입증할 수 있는 몇 가지 자료를 별도로 챙겨뒀다. 무인기 비행이력카드, 10월 15일의 가짜 비행계획, 전단통 작동에 대한 설명자료 등이다. 이 자료들이 없었다면, 무인기 침투 사실과 김용대 등의 공문서위조 혐의가 밝혀지는 데 훨씬 많은 시간과 노력이 소요됐을 것이다.

비슷한 시기, 북파 TF에 대해 잘 알고 있던 윤 소령도 모종의 결심을 했다. 북파 TF에서 보고 들었던 일들을 부승찬 의원실에 알려야겠다고 결심한 것이다. 그는 모든 일은 V(대통령)와 김용현의 지시로 이뤄졌다고 증언했다.

그의 충격적인 제보는 2025년 1월 2일 JTBC를 통해 처음 보도됐고, 훗날 내란 특검도 외환 수사를 개시하면서 그를 찾았다. 그러나 드론사는 보도 이전에 이미 상당수 자료를 폐기해 버렸다.

배편 없다고 백령도 안 간 감사관실

2025년 1월 22일에는 국방부 감사관실에서 드론사, 드론교육연구센터, 그리고 예하 지역대대로 조사를 나갔다. 1월 14일 열린 내란 국조특위 전체회의에서 무인기 재고 현황을 정확히 파악해 보고해달라는 안규백 위원장의 요청에 따른 것이었다.

당시 전체회의에서 안 위원장은 "지금 드론사 관련된 각종 내란 목적에 대한 외환유치 의혹이 상당히 난무하고 있습니다. 그래서 드론사의 정찰드론 보유, 그다음에 손망실 상황에 대해서, 이 현황에 대해서, 현재 드론사가 관여되고 있는 이런 의혹들에 대해서 철저히 조사를 해서 위원장에게 보고해 주시기 바랍니다"라고 말했다.

그런데 감사관실은 무인기 북파와 관련해 가장 구체적인 정황과 제보가 나온 백령도 부대를 방문하지 않았다. 감사관실은 1월 22일을 일괄 조사일로 잡아두고 배편을 구하려고 했으나 배표가 매진되었다는 이유를 들었다. 납득할 수 있는 이유가 아니었다.

현장조사 대신 감사관실은 백령대대로부터 무인기 사진과 장부를 이메일로 받아 대조했다. 이를 통해 감사관실은 소형정찰드론1형 재고 관리에 문제가 없다는 결론을 내렸다.

2월 28일 동아일보에 [〈단독〉 국방부, '평양 무인기 의혹' 드론작전사 조사…"소실 경위 불명확한 무인기 없다" 결론] 제하의 기사가 실렸다. 이 신문은 "이번 조사 결과 추락이나 소실 경위가 정확히 설명되지 않는, 이른바 북풍 공작용 무인기는 드론사에 없었다는 사실이 확인"됐다고 보도했다. 조사가 부실했으니 제대로 확인될 리가 없었다.

감사관실이 드론사 현장조사를 나간 시점에 무인기 손망실은 총 8건에 불과했다. 그중 4건이 평양 무인기 작전 이후에 발생했다. 이 조사의 핵심은 4건의 손망실에 대한 조작 여부였다.

따라서 현장조사를 나가서 손망실이 있던 날 소형정찰드론1형을 비행한 지역대대의 대대장과 조종사들에 대한 조사를 반드시 했어야 했다. 4건 모두를 조사할 필요도 없었다. 4대가 추락했고, 그중 2대는 아예 망실했다. 감사관실은 2대의 망실 경위를 집중적으로 조사했어야 한다. 하지만 감사관실은 배편이 없다는 이유로 아예 현장에 가지도 않았던 것이다.

2024년 10월 3일 이후 소형정찰드론1형 손망실 내역

연번	발생일	접수일	손망실 사유	수량	수거 여부
1	24.10.4	25.2.6	원인 미상 엔진 정지	1	수거
2	24.10.15	25.2.6	원인 미상	1	미수거
3	24.11.7	25.2.6	난기류·강풍	1	수거
4	24.12.19	25.10.31	원인 미상	1	미수거

국방부 감사관실 제공자료.

감사관실은 현장조사 보름만인 2월 6일 드론사령관으로부터 총 10명의 조직적인 거짓말이 담긴 망실보고서를 접수했다. 감사관실은 이번에도 드론사의 주장을 아무 검증 없이 100% 수용했다. 드론사가 제출한 서류 어디에도 10월 15일 74호기가 비행했음을 객관적으로 증빙할 만한 비행로그 기록, 당일 74호기를 찍은 사진 등이 없었다. 이는 군수품 손망실 처리 체계의 문제이기도 했다. 군수품을 망실했다고 증빙서류를 반드시 내야 하는 건 아니었기 때문이다.

이 사건을 통해 각 부대가 작정하고 망실 군수품에 대해 거짓말을 하면 이를 걸러낼 방법이 없다는 사실이 드러났다. 연간 1,300~1,600건의 손망실이 있고, 총액은 수십억 원에 이른다.[43] 감사관실이 실질적으로 별도 검증을 하기에는 상당히 방대한 양이다.

군인이 무기를 운용하다가 완파하거나 어떤 이유로 잃어버릴 수 있다. 군인에게 과도하게 책임을 묻지 않으면서 이번 사례와 같은 조작을 걸러낼 제도적 장치는 반드시 필요하다. 감사관실은 한 해 1,500여 건의 군수품을 손망실 처리한다. 개당 100만 원 정도로, 대부분 소모성 물품이다.

최근 3년간 군수품 손망실 처리 내역

연도	2022년	2023년	2024
건수(건)	1,548	1,338	1,621
금액(백만원)	1,270	2,079	209,859

국방부 감사관실 제공자료.

43) 2024년에는 F-35가 망실돼 2,000억 원의 손실이 났다.

국회의원이 시켜서 로그 데이터 삭제했다?

　국회 국방위원회 위원들은 종종 국방부, 합참, 그리고 예하 사령부에 의견을 제시한다. 군이 의원들의 지적에 부합하는 조치를 하는 것은 법적 의무를 이행한다기보다는 국회를 존중하는 관례에 따라서다. 드론사는 이 관례를 영리하게 이용해 스스로 행한 로그 데이터 삭제를 부승찬 의원의 제안에 따른 조치라고 주장했다.

　2025년 2월 3일 김용대 사령관이 부승찬 의원실을 방문했다. 드론사는 무인기 북파 의혹과 관련한 자료 제출 요구에 극도로 방어적이었다. 이에 사령관이 직접 국방위원에게 대면보고를 하도록 조치한 것이다.

　이날 사령관 측은 소형정찰드론1형은 비행 로그 데이터 관리·보존 체계가 없으며, 무인기 기체마다 달린 중앙제어컴퓨터(FCC)에 저장된 로그 데이터를 수시로 포맷해 오작동을 줄여왔다고 보고했다.

　부 의원은 다른 부대의 비행 로그 데이터 관리 체계에 관해 물으며 "드론사도 로그 데이터 관리 체계를 구축할 필요가 있어 보인다"고 말했다. 김 사령관은 "좋은 의견 주셔서 감사하다. 보완하겠다"고 말하고 되돌아갔다.

　그런데 3월 중순, 우리는 드론사에서 작성된 공문 하나를 입수했다. 2025년 3월 8일 하달된 '소형정찰드론 비행 로그기록 관리지침 제정 보고'라는 제목의 공문서다. '소형정찰드론1형의 로그 데이터 관리체계가 없어 보안업무 훈령과 타 부대 무인기 로그 데이터 관리체계 등을 참조해서 만든 지침 4개를 하달하니 예하 대대는 이를 시행하라'는 내용이었다.

드론사는 로그 데이터 관리 체계가 없어 기록이 덮어쓰기 식으로 삭제된다는 점과 함께 '작전 임무 간 불상 추락할 경우 비행 로그 누출에 따른 발진기지·임무 경로 등 핵심 정보 유출 가능성'을 문제점으로 적시했다. 그런데 이 중 불상 추락 후 비행 로그 누출은 2024년 10월 27일 북한 국방성이 우리 측 로그기록을 밝히면서 현실화됐다.

2024년 10월 27일 북한 국방성 대변인은 '대한민국발 무인기에 의한 엄중한 주권침해 도발사건의 최종조사결과'를 발표했다. 대변인은 "10월 8, 9일에 평양 상공을 비행한 무인기의 발진기지는 백령도이며, 2023년 6월 5일부터 2024년 10월 8일 사이에 작성된 238개의 비행계획과 이력을 파악했다"고도 주장했다. 그러나 이후에도 드론사는 로그 누출을 막을 조치를 하지 않고 작전을 이어나갔다.

[소형정찰드론 비행 로그기록 관리지침] 중 일부

① 대대(기지)별 월 1회 비행체별 로그기록 백업 및 관리
　* 시범 적용기간 중 대대별 비행 로그기록 삭제 주기 검토 필요
② 로그 자료를 GCS로 백업 · 자료 저장 상태 확인, 비행체 內 자료 소거
　* Mission Planner 프로그램을 이용한 기체 로그 백업
　* 백업폴더 저장 예시) 250301_소형정찰드론1호기_1번기_암호방공훈련(훈련명)
③ GCS 용량 초과 대비 대대(기지)별 외장하드 구비 및 로그 관리
④ 주요 작전임무 수행 시 등록된 새 SD카드 활용, 임무 수행

1, 2번 지침을 정리하면, 월 1회 비행체 로그기록을 지상통제장치에 백업해 두고, 백업했으니 비행체 내 로그기록은 삭제하라는 취지였다. 그러나 로그 데이터 백업 지침이 너무 모호했다. 지금까지 쌓인 로그 데이터를 어떻게 하라는 지시가 없었다.

소형정찰드론1형 기체에는 1년 6개월(2023년 9월~2024년 3월) 분량의 로그 데이터가 저장돼 있었다. 관리기록 지침은 이를 모두 삭제하고 앞으로 이렇게 하라는 의미로 해석될 여지도 있었다. 기체에서 북파와 관련된 데이터만 삭제한 이후 백업할 가능성도 있었다.

이와 같은 해석과 우려는 그간 드론사의 행적에 비춰보면 전혀 지나치지 않다. 이미 드론사는 아무 규칙도 없이 자의적으로 무인기 기체에 저장된 로그 데이터를 삭제해 왔다. 고위 간부들은 과거 데이터가 그대로 있으면 당장의 임무 데이터와 충돌을 일으켜서 오작동이 난다고 했다. 간부들은 그럴 때 임의로 포맷을 하기도 했다고 천진난만하게 말했다.

과거 로그 데이터가 오작동의 원흉이라고 여기는 드론사 간부들은 북파 작전을 감춰야 할 동인까지 있다. 북파 작전에 동원된 무인기가 20대가량 되고, 비행 로그기록은 각 기체에 저장돼 있을 터였다. 결국 이 지침은 북한에 다녀왔다는 사실을 증명할 수 있는 결정적 증거를 인멸하라는 지시였다.

그런데 드론사 간부들은 이 공문서를 만들고 하달한 이유가 부승찬 의원이 사령관에게 로그 데이터 관리 체계를 구축하라고 제안했기 때문이라고 주장했다. 운용상 편리와 북파 증거인멸을 위해 지침을 내려놓고는 마치 국회의원의 제안에 따른 것처럼 거짓말을 한 것이다.

2025년 3월 19일 JTBC가 [(단독) '비상대권' 언급 직후 띄운 무인기…드론사는 '로그 삭제 지침' 준비]를 보도했다. 부 의원은 인터뷰에서 "(이 지침은) 평양에 보낸 무인기 기록들을 전부 삭제하라는 것과 같다"고 말했다. 국방부는 즉각 이를 부인하는 내용의 입장을 공지했다.

국방부는 수사를 통해 밝혀져야 할 사항에 대해 지나치게 단정적인 입장을 냈다. 실제 무인기 기체의 로그기록은 모두 삭제됐다. 국방부는 시범 적용 기간에 삭제된 로그기록이 없다는 입장을 내놓았다. 그런데 실상은 드론사가 로그기록을 삭제한 후에 시범운영을 한 것이다.

게다가 국방부는 로그기록을 체계적으로 관리하기 위한 지침일 뿐이라는 드론사의 입장을 그대로 받아들였다. 국방부 감사관실과 국방부 대변인실은 드론사와 관련된 의혹을 무성의하게 처리했던 것이다.

[무인기 로그기록 삭제 의혹 관련 국방부 입장문](2024년 3월 19일)

○ 오늘(3. 19.) 모 매체에서 보도한 '무인기 로그기록 삭제 의혹' 관련 입장을 알려드리니 참고하시기 바랍니다.

○ 비행기록 로그관리 지침이 '평양 무인기 증거인멸 근거를 만들기 위한 것'이라는 의혹 제기는 사실과 다름.

○ 드론작전사령부는 기체의 로그기록을 체계적으로 관리하기 위해 최근 기체 내 로

그 자료를 백업 및 저장한 이후에 기체 내 자료 소거 방안을 포함한 '비행기록 로그 관리 지침(안)'을 시범 적용했음.
○ 시범 적용 간 로그기록 백업에 시간이 오래 걸리는 등 일부 제한사항이 식별되어 시범적용을 중지시켰으며, 이 과정에서 소거한 로그기록은 없음. 〈끝〉

김용대 전 사령관의 말과 행적

2024년 12월 10일 국회 국방위원회 전체회의에 출석한 김용대 사령관은 무인기 북파 사실관계에 대한 확인 요청에 12번이나 "확인해 드릴 수 없습니다"라고 말했다. 그렇지만 2025년 7월 18일 내란 특검이 구속영장을 청구하자, 구속 전 피의자 심문(영장실질심사) 과정에서 무인기 북파 사실과 공문서위조 혐의 등을 대체로 인정했다.

수사를 받는 입장에서 자기 보호를 위해 말을 아끼거나 진술을 바꾸는 일은 흔하고, 때에 따라서는 정상 참작되어야 한다. 그런데 김 사령관은 국회나 특검 출석 시 언론 소통 과정에서 부정확한 이야기를 너무나 많이 했다. 상황이 이렇게까지 됐는데, 결정적 증거가 나오거나 구속 위기에 몰릴 때만 진실을 털어놓는 것은 매우 유감이다.

김 사령관은 2025년 2월 3일 부승찬 의원을 만나 2024년에 국가안보실, 국방부, 합참 고위 관계자를 언제 만났는지에 대해 설명할 때도

김용현 장관을 만났다는 사실은 알리지 않았다.[44]

　김용대는 2024년 5월 1일 사령관에 취임한 이후 3개월간 김용현을 세 차례 만났다. 5월 말 한남동 경호처장 공관을 찾아가 진급 감사인사를 했으며, 7월 말에도 공관을 찾아가 무인기의 전단살포 능력에 대해 보고했다. 8월에는 장관 인사청문회 TF 사무실로 찾아가 장관 후보자 김용현에게 평양 무인기 작전 계획을 보고한 바 있다.

　한국형 암호 모듈 검증(KCMVP)에 대해서도 김 사령관은 엉뚱한 소리를 했다. 2025년 8월 14일 특검에 출석한 그는 취재진에게 "KCMVP는 (조종거리인) 5km 내에서 (적이 신호를) 탈취하는 걸 막는 것이다. 그러니까 장거리 비행중에는 상관이 없다. 근데 그걸 특검에서 계속 묻는데 그거랑 작전은 무관하다. 없어도 되고 있어도 되는 것이라는 점을 알아줬으면 한다"라고 말했다.

　그러나 앞서 살펴봤듯이 해당 무인기는 KCMVP를 필수적으로 적용해야 한다. 그 이유는 이륙부터 복귀까지 전 과정에서 기체에 대한 교란(jamming), 변경(spoofing), 탈취(hijacking)를 방지하기 위해서다. 그가 언급한 5km는 이착륙 시 지상통제장비로 무인기를 직접 제어하는 구간일 뿐이다. 첫 북파 작전 수행일(2024년 10월 3일) 한 달 전인 9월 3일, 사이버사령부가 보란 듯이 교란, 변경, 탈취에 성공

---

44) 김용대는 2024년 7월 전투실험 결과 보고를 위해 이승오 합참 작전본부장을 만났다고 했다. 10월에도 이 작전본부장을 만났다. 그리고 11월 11일에는 합참의장을 만났다고 말했다. 드론사령부에 신원식 국방부 장관, 인성환 국가안보실 2차장, 이진우 수도방위사령관, 방첩사 2처장이 찾아왔다는 사실도 공개했다.

하기도 했다. 그런 상태로 북에 보내놓고 "없어도 되고 있어도 되는 것"이라고 말한 것이다.

가장 문제가 심각한 발언은 다음이다.

"전 세계적으로 이렇게 군사작전을 오픈하는 나라가 어디 있어요? 저도 최대한 안 하려 하는데 이미 다 오픈이 돼 있어서 합니다. 오늘 브리핑한 내용도 사실 안 하려고도 생각했어요. 근데 이미 다 알고 계시잖아요. 북한은 이 모습만 봐도 좋아할 것 같아요. 저는 그러지 않겠어요. 김정은이는 가만히 있어서 가만히 있는 상태에서 다 모든 정보를 다 획득하고 있어요. 이런 나라가 어디 있어요?"

윤석열 정권이 당당했다면, 국회 국방위 위원들에게 불가피성을 설명하고 이해를 구했어야 한다. 이토록 국민적 관심사가 높은 사안에 대해 김용대는 국회 국방위원회 전체회의에서 "확인해 드릴 수 없다"는 말만 반복했다. 그러니 이를 참을 수 없었던 제보자들이 속출한 것이다.

예컨대 미국은 적대·전투 상황에 군을 투입하면 48시간 내 의회에 보고하고, 민감 군사작전(Sensitive Military Operations)에 대해서도 국방부 장관이 의회 군사위원회에 통지해야 한다. 은닉 작전(covert action)은 의회 정보위원회 통보가 필수적이다.

민감할 경우 지도부와 간사에게만 제한적으로 통보할 수 있다는 조항도 있다. 의회 군사위원회는 청문회를 열어 작전과 관련해 상세한 내용을 들을 수 있다. 대한민국처럼 무턱대고 확인해 줄 수 없다고 하지 않는다. 우리도 미국 제도를 참고해 민감작전에 대한 국회의 통제 권한을 확대해야 한다.

김용대는 "무인기 침투"라는 표현도 문제 삼았다.

"무인기 침투라는 표현을 누가 하는지 아십니까? 북한 외무성에서 씁니다. 제가 이제까지 얘기는 안 했지만 너무 억울하고 안타깝고, 왜 이런 표현을 여과 없이 그대로 쓰는지, 북한에서 쓰는 표현인데… 저는 무인기 침투를 한 게 아니라 오물풍선 대응 작전을 한 겁니다."

무인기 침투는 북한의 오물풍선 살포에 대응하는 군사작전의 일환이고, 무인기는 단지 전단 살포를 위한 수단일 뿐이라는 주장이다. 그렇게 해야만 드론사는 북한 오물풍선에 대응하기 위해 작전을 수행한 것이라는 논리를 유지할 수 있다.

그러나 설사 그의 주장을 수용한다고 하더라도, 평양 무인기 작전이 정상 작전으로 인정받기는 어렵다. 우선 한미동맹을 심각하게 훼손했다. 주한미군과 협의 없는 무인기 침투 작전으로 만약 남북 간 군사적 충돌이 발생했다면 의도치 않게 주한미군이 개입하게 될 공산이 컸다. 이는 한미동맹의 훼손과 와해를 초래할 지극히 위험한 행위였다.

다음으로 국제사회로부터 국제법상 자위권의 발동 요건을 충족하지 못한 도발행위로 인식될 가능성이 높았다. 국제법적으로 자위권 발동은 비례성과 즉시성에 기반하지만, 무인기 침투작전은 이런 요건을 갖추지 못했다.

    마지막으로 이 작전은 합참을 배제함으로써 합참의 평시 작전지휘체계를 유린하고, 한미연합사령관의 한반도 위기관리 권한을 침해함으로써 연합지휘체계를 한순간에 무너뜨렸다.

4부

평양 무인기 작전이 남긴 질문들

1장
무인기 침투가 정상 작전이 아닌 이유

2장
드론사령부라는 형태가 적합한가?

3장
이런 명령도 따라야 하나?

4장
바람직한 민군관계는 무엇인가?

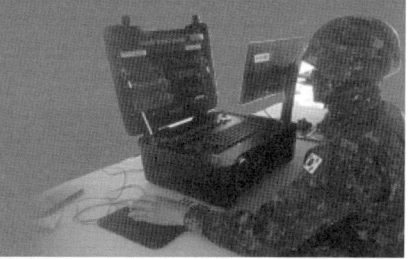

1장
무인기 침투가 정상 작전이 아닌 이유

"(평양 무인기 작전은) 북한 오물풍선에 대응한 정당한 작전이었다."

(김용대, 2025년 7월 17일, 내란 특검 출석일)

이제껏 살펴봤다시피 김용대 전 드론사령관은 평양 무인기 작전을 정상 작전이라고 주장한다. 그러나 이 주장은 단 하나의 근거로 논파될 수 있다. 국군조직법에 따라 합동부대인 드론사에 대한 지휘·감독 권한이 있는 합동참모본부는 평양 무인기 작전과 관련해 작전명령을 내린 사실이 없다.

합참은 2024년 5월 1일부터 그해 12월 3일까지 드론사만을 대상으로 하달한 작전명령이 없다는 입장이다. 그러면 드론사가 단독으로 작전을 수행할 권한과 상황이 있을 수 있냐고 되물을 수 있다. 물론 그런 경우가 있다. 예컨대 북한이 드론사가 맡은 지역에 국지도발을 감행한다면 자위권 차원에서 얼마든지 단독으로 작전을 계획-준비-시행할 수 있다.

상대방의 어떤 행위에 대한 대응으로서 군사활동을 한다면, 이는 자위권 행사나 응징·보복으로 분류할 수 있다. 국제법상 자위권은 적대행위(무력행위)를 저지하거나 격퇴하기 위한 것으로, 수개월 전에 이미 지나간 오물풍선에는 적용될 수 없다. 따라서 평양 무인기 작전은 응징·보복 작전에 해당한다고 볼 수 있다.

게다가 국가안전보장회의는 이미 대북확성기 방송 재개와 대북전단 작전 강화로 자위권을 행사하기로 했다. 평양 무인기 작전은 이 결정 밖에서 시행된 것이다.

이 정도면 한미연합작전이었어야 했다

북한에 대한 응징·보복은 유엔사/연합사 정전교전규칙에 따라 우리가 단독으로 할 수 없다. 일례로 2011년 11월 북한군의 연평도 포격 직후 한민구 합참의장은 전투기 투입을 검토했다. 그런데 우리는 이것이 응징보복인지 자위권 행사인지 판단하지 못했다. 응징보복이면 교전규칙에 따라 한미연합사가 판단해야 할 사안이고, 자위권 행사면 우리가 스스로 결단해서 시행하면 될 일이었다. 한 의장은 한미연합사령관에게 어떻게 해야 하느냐고 질문했다.

당시 의장과 사령관 단위뿐 아니라 참모조직 사이에서도 긴밀한 소통이 오갔다. 유엔사/연합사 정전교전규칙의 수정 권한은 전적으로 미국 측에 있고, 우리는 단순히 의견을 내는 처지다. 그동안에는 위기가 발생할 경우 연합위기관리 권한이 있는 한미연합사에 대한 의존도가 그토록 높았다. 하지만 평양 무인기 작전은 미국 측에 일언반구도 없이 기획되고 실시됐다. 전단 살포가 공격 행위가 아닐 순 있지만, 한미동맹 차원에서는 함께 관리할 위기인 건 분명하다.

구체적으로 이렇다. 무인기는 남방한계선(SLL), 비무장지대(DMZ)와 군사분계선(MDL) 상공을 지나가므로 이 세 곳 공역을 통제하는 유엔군사령부 허가가 필요하다. 또한 평양 한복판을 대상으로 하는 작전이므로 대규모 반격 가능성 등 영향 평가와 관리가 충분히 있어야 한다. 즉, 평시 한미연합사가 행사하는 6개의 위임권한(CODA) 중 첫째인 '한미연합 위기관리'에 해당한다고 할 것이다. 따라서 평양 무인기 작전은 한미연합작전의 위상을 가질 수밖에 없다.

국방부 장관의 직접 명령

경호처장 김용현(2022년 3월 10일~2024년 9월 6일)이 드론작전사령관에게 명령을 내릴 수 없는 건 자명하다. 그러나 국방부 장관 김용현(2024년 9월 6일~12월 6일)이 드론사령관에게 작전명령을 내릴 수 있는지 따져본다면 대답이 간단치 않다. 이 문제는 평양 무인기 작전을 지시한 김용현 전 장관의 행위를 평가하는 데 가장 중요한 기준이 될 것이다.

내란 특검에 따르면, 김용현은 윤석열의 승인 하에 평양 무인기 작전 기획-준비-시행을 지시했다. 그런데 김명수 합참의장은 2024년 6월부터 11월까지 무려 5개월간 아무 것도 몰랐다고 주장한다. 국군조직법에 따라 드론사에 대한 지휘·감독권이 있는데도 말이다.

김명수 의장은 평양 무인기 작전에 직접 개입하지는 않은 것으로 알려졌다. 그래선지 내란 특검도 김 의장을 피의자로 전환하지 않았다.

하지만 그가 평양 무인기 작전을 알고도 방치했다면 직무를 유기했다는 비판이 제기될 수 있다. 게다가 그는 12월 3일 특전사와 수방사에 대한 자신의 지휘권이 계엄사령부로 넘어갔음에도 방관한 전력이 있다.

이와 관련해 중요한 정황이 있다. 2023~24년 합참 법무실장은 김명수 의장과 더불어 합참에서 몇 안 되는 해군 출신으로 서로 가까운 사이였다. 김 의장이 해군 법무관을 합참 법무관에 기용한 건 핵심 지휘라인에 포진한 육군사관학교 출신들을 견제하기 위해서라는 평가가 세간에 떠돌았다.

한국일보는 합참 법무실이 사전에 법무검토를 했고, 작전법과 국제법상 부합하지 않는다는 의견을 냈다고 보도했다. 한국일보는 "합참 법무실은 검토 후 '관련 법령, 규정 등을 고려할 때 작전계획이 적절하지 않고 즉시성과 비례성 등 국제법상 원칙에 맞지 않아 부적절하다'는 결론을 낸 것으로 알려졌다"라고 보도했다.[45] 합참 법무실장은 해당 보도에 대해 부인하지 않은 것으로 알려졌다.

김 의장은 법무실장을 자주 찾았으며, 독대도 여러 차례 있었다고 전해진다. 김 의장이 평양 무인기 작전을 먼저 인지하고, 자신이 믿을 만한 사람인 법무실장에게 법적 검토를 맡겼을 가능성을 배제하기 어렵다. 합참의장이 사전에 평양 무인기 작전에 대해 미리 알았다고 보는 게 합리적일 것이다.

그 작전이 합참이 보기에 군사적 가치가 없었더라면, 의장이나 작전본부의 누군가가 적극적으로 개입해 중단시켜야 했다. 작전 수행도 몰랐다고 주장하는 합참의장이니 그랬을 리 없다. 다만 합참의장이 '비공식 법무 검토' 단계에서 김용현 등에 비협조적인 태도를 보이는 바람에 패싱당했을 가능성이 유력해 보인다.

합참의장을 두둔할 생각은 전혀 없지만, 이는 김명수 개인의 특성이라기보다는 구조적인 문제로 이해할 필요가 있다. 대한민국 합참은 참으로 애매한 지위를 갖고 있다. 합참은 본질적으로 장관의 보좌기관(Assistant Staff)이면서 작전지휘 업무를 담당하는 지휘기관

---

[45] 한국일보, [합참 법무실 "평양 무인기 작전 위법성" 반대… 특검 '작전법' 전문가 투입]. 2025.8.1.
https://www.hankookilbo.com/News/Read/A2025080109170002712

(Command Authority)이다.[46]

그러나 우리 합참은 장관의 보좌기관이라는 인식이 매우 강하다. 합참의장은 인사권이 없어 휘하 인원들에 대해 실질적인 장악력을 갖기 어렵다. 여태까지 거의 모든 국방부 장관은 합참의장의 군 선배였다. 따라서 합참의장은 장관 지침에 대한 실질적·심리적 의존도가 높을 수밖에 없다.

그래서 김용현은 12월 3일 20시 30분 전군 지휘관 화상회의에서 "모든 군사활동은 장관이 책임진다. 명령에 불응하거나 태만한 자는 항명죄로 다스리겠다"라고 말할 수 있었고, 합참의장 이하 모든 군인은 이에 순순히 따랐다.

합참의 지휘와 감독을 받는 합동부대의 지위도 모호하다. 합동부대는 국방부 장관 직속 부대로 장관이 임무와 조직 등을 정하지만, 합참의장이 업무지침을 내리고 지휘·감독을 하게 되어있다. 국군조직법 제9조에 따라 합참의장은 국방부 장관의 명을 받아 합동부대를 지휘·감독하는 것이다. 이 조항은 국방부 장관이 합동부대에 작전명령을 내릴 수는 있으나, 합참을 통하라는 의미로 해석된다.

우리 군은 드론사 외에도 국군화생방방호사령부, 국군지휘통신사령부, 국군심리전단, 국군수송사령부, 사이버작전사령부, 전략사령부 등 총 7개 부대를 합동부대로 두고 있다. 합동부대는 전투를 직접

---

46) 우리 국군조직법 제8조는 국방부 장관에게 군정권과 군령권을 부여하고 있다. 제9조에 따라 합동참모의장은 군령에 관하여 국방부 장관을 보좌하며, 작전부대를 작전지휘·감독하고, 합동부대를 지휘·감독한다.

수행하기보다는 모든 군이 공통으로 필요한 특수기능을 수행하는 부대다.[47] 중복투자 방지와 효율성 강화를 위해 합동부대를 둔 것이다. 이런 이유로 합동부대의 지휘 관계, 임무, 구성 등을 규율하는 각 사령부령은 대동소이하다.

기본적으로 합동부대 업무는 합참의장이 통제한다. 예컨대 드론사령(슈)을 보면, 제5조에 드론작전사령관은 합참의장의 명을 받아 사령부 업무를 총괄하고, 사령부에 예속 또는 배속된 부대를 지휘·감독하도록 되어있다. 더 나아가, 합참의장은 사령부의 작전·훈련 관할구역을 정하고(제3조), 참모부서 설치와 사무분장에 관한 사항을 정한다(제6조).

합동부대에 대해 국방부 장관은 부대의 기본 임무와 조직을 관장할 뿐이다. 부대의 설치·임무 및 조직에 대한 사항을 정하고(제6조), 군인·군무원 정원을 정한다(제7조).

법 취지는 명백하다. 국방부 장관은 부대를 설치하고 임무를 부여하고 조직과 인력을 꾸린다. 드론사가 무슨 업무를 할지 정하는 건 합참의장이다. 그렇다면 국방부 장관 김용현보다는 합참의장 김명수가 작전명령을 내리는 것이 훨씬 자연스럽다. 장관이 합참의장에게 지침을 주거나 서로 논의해서 드론사에 작전명령을 내리는 그림도 부드럽다. 장관이 드론사령관에게 직접 명령을 내리는, 그것도

---

47) 드론사와 전략사는 윤석열 정부 들어 신설된 조직인데 이 부대들이 합동전력을 다루는 것은 맞으나, 전투를 담당하기도 한다. 이러한 분류가 적합한 것인지 재검토가 필요하다.

합참의장 모르게 내리는 장면은 매우 생경하다.

드론작전사령관이 왜 심리전에 집착하는가?

"드론작전사령부령에 보면 심리전 등의 군사작전을 하라는 임무가 있다. 그래서 그 임무에 따라 내가 생각해서 고민하고 했던 것뿐이다. (중략) 비상계엄과 (평양 무인기) 작전은 연결고리가 전혀 없다고 생각한다."
(김용대, 2025년 7월 20일, 내란 특검 출석일)

드론사령관이 어떤 자리이길래 심리전을 고민하는가? 심리전을 전담하는 국군심리전단이 있고, 합동참모본부에는 군사정보지원작전을 기획하고 때에 따라서는 합동부대에 명령을 내리는 군사정보지원과가 있다.

김용대 전 사령관이 어쩌다가 남다른 사명감으로 심리전에 천착하게 됐는지는 알 수 없다. 드론사의 기본 임무는 드론을 활용한 감시·정찰, 타격, 심리전, 전자기전 등 분야별 군사전략과 전술을 발전시키고, 우리 군에 필요한 드론 전력 소요를 뽑아내는 것이다.

사령관 스스로 말했듯이 평양 무인기 작전은 기본적으로 심리전 작전이다. 작전 여건은 매우 열악하다. 상대 수도 한복판에 우리 군사 자산을 전개하는 것이지만 아군 지원을 기대할 수 없고, 실시간 통신이 되지 않는 무인기를 전력으로 썼기 때문에 성공 여부를 확인하기도 어려운 상황이었다.

정상적으로 이런 종류의 작전을 기획한다면, 반드시 참고해야 할 권위를 가진 문건과 절차가 있다. 대한민국의 모든 군사작전은 군사교리(Military Doctrine)에 기초해야 한다. 군사교리는 체계적인 연구와 각종 훈련 끝에 공식적으로 승인된 군사행동의 기본 원칙과 지침이다.

대한민국 국군은 39개 합동교리를 유지하고 있다. 최상위에 모든 교리의 기본 원칙과 지침을 제공하는 기본 교범인 군사기본교리가 있다. 그 아래 인사·정보·작전·군수·기획·지휘 등 기능별 기준 교범이 있다. 예컨대 합동작전교리는 모든 합동작전에 공통으로 적용되는 원칙과 지침을 제공한다. 그리고 작전형태별로 운용교범이 있다. 기본 교범이 1종, 기준 교범이 6종, 운용 교범이 30종, 참고 교범이 2종이다.

이 중 평양 무인기 작전은 합동군사정보지원작전 교리와 합동드론작전 교리에 근거해 계획-준비-시행해야 한다. 그러나 합동드론작전 교리는 2027년 말 완성될 예정이다. 여기서 드론사의 또다른 비정상성이 드러난다. 교리는 말하자면 '싸움의 원칙'이다. 교리 없이 무인기를 편법으로 도입하고 부대를 창설했으니, 순서가 아예 거꾸로 된 것이다. 드론사는 합동군사정보지원작전 교리도 제대로 참고하지 않은 것으로 보인다.

합동군사정보지원작전 교리를 살펴보면, 합참이 주도하지 않은 군사정보지원작전이 설 자리는 없다. 교리는 합참 중심의 중앙집권화된 계획수립이 필요하다고 강조하고, 합참의 평시 군사정보지원작전 임무는 군사지원본부 심리전과에서 수행한다는 점을 명확히 밝힌다.

군사정보지원작전은 합참의 정보본부, 작전본부, 군사지원본부, 민군작전부로부터 지원을 받게 돼 있다. 합참은 이렇게 체계적으로 계획을 수립해 심리전 부대에 대해 전반적인 지휘·감독을 한다.

드론작전사령부령에 심리전 기능이 있으니 국군심리전단과 더불어 심리전 부대로 볼 수 있다고 하자. 그렇다 하더라도 국군심리전단이 집행기관이듯이 드론사 역시 집행기관 이상의 위상을 갖지 못한다. 드론사도 합참의 군사정보지원작전 시행 명령을 부여받을 때 움직일 수 있다. 평양 무인기 작전은 기본 원칙을 준수하지 않은 작전이다.

교리는 기본 원칙 외에도 지휘 및 통제, 계획수립, 그리고 작전 수행까지 합동군사정보지원작전 수행 시 준수해야 할 세부 원칙도 상세하게 제시하고 있다. 또 군사정보지원작전을 '국가정책 및 군사작전 목표 달성을 지원하기 위해 선정된 정보를 조직적이고 계획적으로 표적 대상에게 전달해 주최 측이 의도하는 방향으로 견해, 감정, 태도, 행동의 변화를 유도하는 작전'이라고 규정해 놓았다.

교리에 입각하면, 평양 무인기 작전의 국가 정책적 목적은 북한의 오물풍선 부양을 중단시키는 것이다. 군사적 목표는 이를 위해 북한에 대한 심리적 타격을 주는 것이다.

우리가 의도하는 방향은 전단의 내용과 관련이 있다고 봐야 한다. 전단에는 김정은 정권에 대한 비난이 담겼다. 그렇다면 은밀하게 평양에 전단을 투하해 북한 주민의 민심을 이반시키겠다는 의도다. 더 나아가 다음에는 무인기가 한층 치명적인 걸 탑재하고 올 수도 있다는 협박성 메시지다.

그러나 김 전 사령관의 '심리전'은 오히려 북한을 격앙시켰다. 평양 무인기 작전 이후에도 북한은 오물풍선 부양을 멈추지 않았다. 무인기 작전 직후 정보기관은 북한 지휘부가 분노해 군 경계태세를 강화했다고 파악했다.

윤석열과 김용현은 북한 외무성 발표 내용과 북한 내 동향을 보고받은 후 박수치며 좋아했다고 한다. 두 사람이 너무 좋아했기 때문에 김용대 사령관은 추가 작전을 실시해야했다. 따라서 북한을 격앙시키는 것이야말로 이 심리전의 진정한 목적이었다고 보는 것이 타당하다.

물론 김 전 사령관은 내란세력이 북한 오물풍선에 얼마나 집착했는지를 뻔히 알았을 것이다. 북한 오물풍선 대응작전은 내란세력이 성공하거나 실패하더라도 명분을 내세우며 빠져나갈 수 있는 교묘한 수였다. 북한의 도발에 군사적으로 대응했을 뿐 다른 뜻은 없었다고 둘러대면 되니 말이다.

게다가 북한 오물풍선으로 우리 국민이 사망하면 비상계엄에 대한 군의 자발적 참여도 수월하게 끌어낼 수 있을 터였다. 김용대의 심리전이 맡은 역할은 상상 이상으로 중요했다.

김용현은 오물풍선으로 장군들을 가스라이팅했다. 그는 집요하게 오물풍선 원점타격을 주문했고, 노상원·곽종근·여인형·문상호 등은 내란에 동원할 참모들과 부대원들에게 북한 오물풍선 대응을 위해 출동준비를 해야 한다고 일러뒀다.

김용현은 2024년 9월부터 김명수 합참의장에게 오물풍선 원점타격 계획을 수립하라고 지시했다. 10월~11월에는 수차례 김명수 합참의장, 이승오 작전본부장에게 오물풍선 원점타격 시행을 강요했다. 그 무렵 곽종근에게는 자신이 합참 지휘통제실에서 오물풍선 원점타격을 하겠다고 말하기도 했고, 10월 중순에는 문상호 정보사령관에게도 오물풍선 대응을 지시했다.

김용현의 채근에 합참은 오물풍선 원점타격 계획을 수립했지만, 너무 호전적이라고 판단했다. 국제법·작전법 등에 따르면, '지연된 대응'은 자위권에 해당되지 않는다. 그리고 북한 오물풍선이 물리적인 원점타격에 이를만한 피해를 발생시켰다는 결론도 내릴 수 없었다.

그런데 12·3 비상계엄에 동원됐던 핵심 부대 모두 오물풍선 대응을 위해 출동준비를 하라는 지시를 받았다. 12월 2일 곽종근 특전사령관은 부대원들에게 "다음 주 북한이 쓰레기 풍선을 대량 살포한다.

항상 출동준비 태세를 갖춰라"고 지시했다.[48]

12월 3일 오전 8시 30분 여인형 방첩사령관은 집무실에서 이경민 참모장에게 "합참 분석을 보면 오늘 밤 북 오물·쓰레기 풍선 부양 가능성이 높고, 이번에도 부양하면 합참에서 강력히 대응할 것으로 예상되니, 참모장과 처·실장들은 통신축선상 대기하고, 상황이 발생하면 곧바로 사무실로 위치토록 하라"고 지시했다.

노상원 전 정보사령관과 문상호 정보사령관도 오물풍선 대응을 언급하며 특수요원 선발을 지시했다. 노상원은 2024년 10월 초 김봉규 정보사 대령에게 특수요원 중에 사격 잘하고, 폭파 잘하는 7, 8명을 추천해달라고 말했다. 10월 말에는 문 사령관이 김 대령에게 "며칠 전 김 장관으로부터 '북한 오물풍선이 심상치 않은데 물리적 대응 방안이 마땅치 않다. 노상원 지시를 이행할 필요가 있다'고 들었다"며 인원 선발이 잘 되는지를 물어보기도 했다.

'비밀작전'이라 괜찮다?

북한 오물풍선은 내란 세력이 내세운 유일한 부대 동원 명분이었다. 김용대 사령관은 평양 무인기 작전이라는 심리전으로 오물풍선에 정당하게 대응했다고 주장한다. 그러나 그의 진정한 목적은 내란 세력의 기대에 부응해 오물풍선 부양이 끊이지 않게 하는 데 있었다고

---

48) 윤석열 정부의 비상계엄 선포를 통한 내란 혐의 진상규명 국정조사 결과보고서, 92쪽.

보는 것이 타당하다.

이 책의 전반부에서 자세히 설명한 편법 무기 도입과 무인기 개조, 그리고 공문서위조를 통한 은폐 시도 등 비정상적인 행위를 지적하면 '비밀작전론'이 나오곤 한다. 비밀작전이었으므로, 법률과 통상의 절차로 재단하지 말아야 한다는 것이다.

그러나 군사작전은 기본적으로 모두 비밀작전이다. 예컨대 군 통수권자가 소형정찰드론1형을 이용해 군사정보지원작전을 하겠다고 결심할 수 있을 것이다.

그러면 장관-합참의장을 거쳐 임무를 부여받은 부대는 이에 필요한 작전계획을 수립하고 비밀로 등재해야 한다. 상부의 지침 가운데 우리가 했다는 사실이 드러나지 않게끔 처리해야 한다는 내용이 있을 수 있다. 상대가 우리의 소행이라고 지적할 경우 부인한다는 방침까지도 비밀로 등재하면 될 일이다.

무인기를 보내 평양 시내에 전단을 살포하면 북한 지도층과 시민들은 반드시 알게 된다. 게다가 기체가 불안정해 추락할 가능성도 작지 않다. 따라서 우리가 무인기를 몇 대 분실하고 북한이 우리 무인기 몇 대를 수거할 경우 어떻게 할지 대비계획이 필요하다. 북한이 수거했을 때를 대비해서 우리 무인기라고 특정할 수 있는 모든 흔적을 지우는 것은 그다지 어려운 일이 아닐 것이다. 문제는 엄격하게 관리되는 군수품 분실 처리를 어떻게 할 것이냐에 있다.

정석으로 작전계획을 수립했다면, 작전에 투입되는 무인기 자체를 별도로 관리하는 체계를 운영할 수 있다. 우리 군에는 존재 자체가 비밀인 무기체계가 실제로 있다. 그런 방식으로 관리하면 된다. 이미 존재가 공개된 자산이라도, 그 관리체계를 비밀로 바꾸면 된다.

이렇게 하면, 무인기가 소실됐을 경우 최소한 군인들이 공문서를 위조하거나 거짓말을 할 필요는 없다. 그리고, 당연히 부실한 장비를 운용하므로 소실 대비책을 마련해 뒀어야 한다. 부여받은 임무를 수행한 인원들에게 공문서위조라는 불명예스러운 일을 시킬 수는 없는 일이다.

그러나 평양 무인기 작전계획은 정석이 아니었다. 그래서 2024년 10월 10일 오후 북한이 우리 무인기를 수거했다는 사실을 공개하자 드론사는 매우 당황했다.

드론사는 평양에서 소실된 74호기가 마치 정상적인 훈련 중 망실된 것처럼 가짜 훈련계획서를 만들었다. 그리고 하지도 않은 비행에서 74호기가 망실된 것으로 처리했다. 이 과정에 드론사 군인이 무려 10명이나 가담해 국방부 감사관실에 보고하는 공문서를 위조한 것이다.

이는 군사비밀 유지 차원에서도 불합리한 조치였다. 해당 무인기를 별도로 관리했다면 관련 사실을 아는 인원은 최소화된다. 그러면 10명이나 되는 인원이 이러한 조작을 알 필요도 없었고 가담할 이유도 없었다. 작전계획을 체계적으로 수립했다면, 군사비밀 관련 대응도 함께 논의됐을 것이다. 결국 이 역시 작전계획을 충실하게 기획하지 않은 데서 연유한다.

비밀작전이라는 핑계를 대기가 참으로 민망한 것은, 평양 무인기 작전 자체가 오히려 군사기밀 누설에 해당될 수 있다는 점이다. 무인기에는 군사기밀이 많이 담겨있다. 무엇보다 무인기에는 6개월 치의 비행 기록이 고스란히 담겼다. 이를 통해 북한은 발진기지의 정확한 위치, 비행훈련장소, 무인기 북한 침투 시 우리가 이용한 항적 등을 알 수 있었다.

게다가 김용대 사령관은 2024년 6~9월 국방 업무와 무관한 민간인 김용현 경호처장과 군사작전을 기획-준비-시행했다. 일상적으로 군사기밀을 누설한 셈이다.

> **군형법**
>
> 제80조(군사기밀 누설) ① 군사상 기밀을 누설한 사람은 10년 이하의 징역이나 금고에 처한다.
> ② 업무상 과실 또는 중대한 과실로 인하여 제1항의 죄를 범한 경우에는 3년 이하의 징역이나 금고 또는 700만 원 이하의 벌금에 처한다.

만약 법을 지켰다면...

법을 충실히 지켰다면, 평양 무인기 작전은 실행될 수 없었을 것이다. 김용현 등이 한미동맹과 유엔사/연합사 정전교전규칙을 존중했더라면 평양 무인기 작전은 한미연합사령부 차원의 토의 안건이 됐을 것이다. 물론 당시 한미연합사령관과 유엔군사령관을 겸한 라캐머라

대장은 평양 무인기 작전에 동의하지 않았을 것이다.

정전협정을 준수하고 한반도 현상유지 임무를 수행하는 유엔사는 이미 우리 무인기가 북측 영공에 진입한 행위를 부정적으로 평가한 바 있다. 2023년 1월 26일 유엔군사령부 군사정전위원회는 이례적으로 보도자료를 내어 "한국군 무인기가 비무장지대를 통과해 북측 영공에 진입한 것은 정전협정 위반이라는 점을 확인했습니다"라며 우리가 정전협정을 위반했다고 지적했다.

2022년 12월 26일 북한 무인기가 용산 상공을 침투한 이후 우리가 송골매 2대를 북쪽에 올려보낸 것에 유엔사가 경고한 것이다. 평양 무인기 작전에 비하면 북한의 위협 행위에 대한 비례적 자위권 행사라고 해석될 여지가 훨씬 컸음에도 말이다.

김용현 전 국방부 장관이 국군조직법을 준수하고, 작전에 관해 합동참모본부의 판단과 전문성을 존중했다면 합참의장 패싱 의혹 같은 것은 존재하지도 않았을 것이다. 국방부 장관이 군사정보지원작전이 필요하다는 지침을 내리면 합참 작전과와 심리전과에서 협의하고 방안을 도출하게 된다. 유엔사가 무인기 북한 영토 진입에 대해 경고한 적이 있는 만큼, 합참 법무실에서도 공식 법무 검토를 통해 의견을 냈을 것이고, 합참은 종합적으로 판단해 반대했을 가능성이 크다.

국군조직법과 드론작전사령부령을 지켰다면, 김용대 드론사령관도 민간인 김용현 경호처장과 군사작전을 논의할 필요가 없었다. 또 합참의장과 합참 작전본부장에게도 공식적으로 검토할 충분한 시간과 자료를 줬을 것이다. 게다가 군사정보작전에 대한 과도한 관심을 줄이고 무인기 전술 개발이나 미래 무인기 전략 등 보다 생산적이고 우리 군에 꼭 필요한 본연의 업무에 집중했을 것이다.

아울러 평양에 추락한 무인기가 정상 소실된 것처럼 꾸미기 위해 운용자와 대대장이 자술서를 조작하고, 사고조사위원회 위원 7명이 은폐보고서를 승인할 필요도 없었을 것이다. 이들을 포함한 드론사 군인 10명은 공문서위조라는 범죄를 저지르지 않아도 됐음은 물론이다.

방위사업법에 따른 무기 도입 절차를 충실히 따랐다면, 애초 기획 단계부터 KCMVP가 적용된 무인기를 도입했을 것이다. 사이버사령부의 해킹 시도에 속수무책으로 당하는 수모도 겪지 않았을 것이다.

군사작전은 생존의 문제이므로, 지나치게 법으로 재단하지 말고 지휘관의 재량에 맡겨야 한다는 주장은 어느 정도 설득력이 있다. 12·3 내란이 없었더라면, 이런 주장이 그럴 듯하게 들렸을지도 모른다. 하지만 우리는 장군들이 법과 원칙을 저버릴 때 어떤 현상이 벌어지는지 생생하게 지켜봤기 때문에 법과 원칙에 좀 더 무게를 둘 수밖에 없다.

헌법에 바탕을 둔 민주적 통제에서 벗어난 군은 헌정질서와 국민의 생명을 위협하는 존재가 될 수 있다. 군은 합법적 무력을 독점적으로 보유한 특수한 기관이다. 군형법 형량이 일반 형법보다 1.5~2배 무거운 이유기도 하다. 군은 법과 원칙을 생명처럼 지켜야 한다.

2장
드론사령부라는 형태가 적합한가?

　여기까지 읽은 독자라면, 윤리적 쟁점 못지않게 군이 드론이라는 무기체계를 어떻게 운용하고 발전시켜야 하는지에 관해 의문을 품을 수 있다. 특히 우리는 윤석열 대통령의 격노에 찬 지시에 따라 급히 창설된 부대가 '사령부' 기능을 수행하기에 적합한지 심도 있는 검토를 하지 못했다.

　사령부부터 덜컥 세운 우리와 달리 대부분의 국가는 제대(諸隊)와 임무 속에 드론을 녹였다. 미국만 봐도 공군(공격·정찰 비행단), 해군(해상 무인전력 전력화 부대·실전 통합 태스크포스), 해병대(무인기 운용 대대), 육군(사단·항공여단 예하 MQ-1C 등)으로 흩어져 있다. 일본 역시 항공자위대의 고고도정찰·해상초계, 육상자위대의 전술형 등 임무별로 분산 편제돼 있다. 러시아도 전쟁 수행을 위한 조직을 조정하는 과정에서 정찰·타격 연대급을 확장해 왔으며, 무인체계

군(USF, Unmanned Systems Forces) 창설을 준비 중이다.[49]

유일하게 전담 사령부가 있는 나라는 우크라이나다. 2024년 2월 6일 젤렌스키 대통령은 무인체계군을 독립군종으로 신설하겠다는 의사를 최초로 밝히고, 2024년 6월 무인군을 창설했다. 무인군은 공중·지상·수면·수중 무인체계를 한데 모아 교리·교육·시험평가·운용을 통합한 것이다.[50] 바로 이 무인군 예하에 사령부가 있다.

그러나 우리가 사령부를 창설한 맥락과는 전혀 다르다. 미국 전략연구소는 우크라이나 무인군을 분석한 보고서에서 상향식 접근, 리더십과 팀, 혁신과 방산회사의 협업, 수입 무인시스템 시험준비 태세, 그리고 지식 공유 등이 핵심 특징이라고 분석했다. 첫 번째로 강조한 특징이 상향식 접근이다. 이는 윤석열이 부대 창설을 하달한 우리와 정반대다. 아래는 해당 내용을 번역한 것이다.

'각 부대는 최전선에서 직접 싸운 이들이 주도한 풀뿌리 움직임에서 출발했다. 공식 인가나 정식 창설에 앞서, 드론 조종사와 각종 무인체계 운용자들은 서로의 노하우를 공유하고, 신속한 혁신을 위해 제조업체들과 직접 연결망을 만들며, 전술적 지식을 교환했다. 예를 들어 올렉산드르 얍찬카(Oleksandr Yabchanka)는 2014년 도네츠크

---

49) Russia's Putin calls for quick development of drone forces, Reuters, 2025.6.13.
50) Ukraine Ministry of Defence, Unmanned Systems Forces(검색일: 2025.9.17.), https://usforces.army/en/#home.

전쟁 초기 보병작전에서 지상 무인체계가 효과를 보이며 전투원의 생명을 구하는 모습을 목격한 뒤, 이를 전장에 투입하자고 가장 먼저 주장한 인물 가운데 한 사람이었다.'[51]

우크라이나 무인군은 분대에서 대대까지 제대별로 무인 시스템 활용을 위한 표준 교리를 개발했다. 자국 드론 제조업체 90%와 접촉을 유지하며, 해외 장비를 전장 환경에서 시험 평가하는 체계도 갖추고 있다. 무인군에는 전투를 전담으로 하는 전투사령부가 있다.

우크라이나는 해군 제385해상 무인체계 특수여단, 제383무인항공여단 등 각 군에도 별도의 무인군 제대를 두고 있다. 그럼에도 무인군을 둔 것은 무인체계와 관련한 교리·교육·시험평가·운용을 통합적으로 관리하기 위해서다.

우리 군의 무인기 전력·작전기획 체계는 드론사 창설 이전에 수립돼 있다. 전력 기획은 국방부 전력국 유무인복합체계과에서, 작전 기획은 합참 항공드론작전과에서 고도화하게 돼 있다. 각 군에서도 교육사령부 예하 등에 센터를 설립하고, 다양한 무인기를 폭넓게 운용하며 현장에서 경험과 노하우를 축적했다.

전·평시 드론사의 기능을 뜯어보면 작전사령부는 단독임무를 수행한다기보다 타부대를 보조하는 성격이 강하다. 드론사 일부 대대는

---

51) Why Ukraine is Establishing Unmanned Forces Across Its Defense Sector and What the United States Can Learn from It, CSIS, 2024.11.19.

전·평시 전략사령부의 통제를 받는다.[52] 드론 일부를 북한의 이동식 미사일발사대(TEL) 타격 등에 투입하는 것이다. 드론사는 이를 위해 군집형 드론 등의 도입을 추진하고 있다.

또한 한미연합사 정찰 지원 임무도 발전시키고 있다. 연합사가 합참에 요청을 보내면 합참이 다시 드론사에 단편명령을 하달하는 방식으로 이뤄질 가능성이 크다. 이 역시 보조임무다.

드론사가 운용하는 소형정찰드론1형, 소형자폭무인기는 사단·군단 작전범위와 중첩된다. 드론사 현존 전력인 소형자폭무인기의 작전반경은 30km, 새롭게 도입을 추진하는 군집 드론의 작전반경은 100km 남짓이다. 게다가 이 군집 드론은 육군이 수행하는 대화력전 이후 생존한 북한 이동식미사일발사대 전력을 파괴하기 위한 용도다. 이처럼 드론사 전력은 전략사, 연합사, 그리고 육군이 수행하는 작전에 보조적 역할로 활용되는 셈이다.

그런데 '작전사령부'라는 조직은 사령부가 직접 전투부대를 지휘·통제해 전투작전을 단독으로 수행할 수 있어야 한다.[53] 드론사는 '전략적 수준의 작전'을 단독으로 수행하기 위해 노력하고 있다. 예컨대 우크라이나가 2025년 6월 1일 드론으로 러시아 폭격기를 공격해 대승을 거둔 '거미줄 작전' 같은 것이다. 당시 우크라이나 보안국

---

52) 제357합동참모회의록(2024.6.7.)

53) 반면, 전투를 직접 지휘하기보다 특정 기능(군수, 정보, 교육·훈련, 전력운영 등)을 맡아 전군을 대상으로 지원하는 사령부를 기능사령부라고 한다. 합동부대 7개 중 드론작전사령부, 전략사령부는 작전사령부로 분류되고, 국군화생방방호사령부, 국군지휘통신사령부, 국군수송사령부, 사이버작전사령부, 국군심리전단은 기능사령부로 분류된다.

(SBU)은 117대의 드론이 숨겨진 목재상자를 러시아에 밀반입시켜, 러시아 폭격기 41대를 타격해 우리 돈 9조6,000억 원 규모의 피해를 유발했다.

이러한 전략적 수준의 작전이라면 드론사를 한층 발전시키는 깃도 의미가 있다. 그런데 이는 전략사령부의 북핵·WMD 대응 3축 체계(킬체인, 한국형 미사일방어체계, 대량응징보복) 총괄임무와 중첩되는 문제가 발생한다.

이러한 중첩·중복 문제를 해소하고 전략적 수준의 작전을 발전시킬 수 있다면 드론사를 작전사령부로 둘 수도 있을 것이다. 그러나 만약 이에 대해 설득력 있는 해답을 내놓지 못한다면, 드론작전사령부는 작전사령부가 아니라 지원 임무만 담당하는 기능사령부로 역할을 조정할 필요가 있어 보인다.

3장
이런 명령도 따라야 하는가?

　김용현은 무인기 도입과 드론사 창설, 평양 무인기 작전에 직접 관여했다. 그 과정에서 그는 기존 시스템을 우회하거나 파괴하라는 지시를 여러 차례 하달했다. 그 배후에는 물론 윤석열의 망상이 있었다. 김용현은 그의 망상을 명령으로 구현하는 심복에 불과했다.

　상급자의 명령을 받은 군인과 공직자는 선택의 갈림길에 선다. 장군들과 고위 공직자들은 거의 모두 적극적으로 대통령의 지시를 이행하는 데 힘을 보탰다. 대부분의 실무급 군인도 큰 저항 없이 순응했다. 단지 몇 사람만이 이의를 제기했다. 다시 강조하지만, 실무자들이 이 지시를 받은 시점에 이를 비상계엄과 연계해 상상하기란 불가능에 가까웠다. 그리고 군조직의 일원으로 명령에 이의를 제기하거나 불복하는 건 거의 있을 수 없는 일이다.

　그러나 이 명령들은 모두 '군사 전문성을 훼손하는 명령'이거나

'명백히 불법인 명령'이었다. 이러한 부적절한 명령과 그 이행이 누적됐기 때문에 '평양 무인기 작전'이 가능했다. 그래서 우리는 실무자들의 사정을 고려하더라도 이러한 명령과 관련해 관계자들이 어떻게 행동하고 말했는지는 짚고 넘어가지 않을 수 없다. 아래는 두 개 유형으로 명령을 분류한 것이다.

A 유형 : 군사 전문성·합리성을 훼손하는 명령

명령 1: 편법으로 무인기를 최대한 빨리 도입하라.
명령 2: 편법 도입한 무인기를 평양에 보내 전단을 살포하라.
명령 3: 오물풍선 대응이다. 평양에 전단을 살포하고, 원점을 타격하라.
명령 4: 시민단체로 위장해 대북전단을 살포하라.

B 유형 : 명백히 불법인 명령

명령 5: 국방부와 합참 모르게 평양 무인기 작전을 수행하라.
명령 6: 평양에 떨어진 무인기는 훈련 중 소실된 것으로 서류를 조작하라.
명령 7: 평양 무인기와 관련된 자료를 은폐·삭제하라.

명령 1 : 편법으로 무인기를 도입하라

북한 무인기가 용산 대통령실 3km 가까이 왔어도 속수무책이었으니, 우리 군은 서둘러 대응책을 수립해야 했다. 문제는 대통령이 방어보다는 응징·보복을 선호했고, 이것이 우리 전력 획득 방향으로 굳어졌다는 점이다.

윤석열은 2022년 12월 29일 국과연에서 "확고한 응징과 보복"을 강조했다. 김용현 경호처장은 윤석열에 이어 "우리도 1,000대 정도는 만들어야 합니다"라고 말했다. 윤석열은 2023년 1월 4일 이종섭 국방부 장관이 무인기 레이더에 대해 보고할 때도 이를 타박하며 "드론 킬러 드론 확보"를 지시했다. 이종섭 장관 이하 모든 고위 간부가 무인기 조기 확보에 매달리게 된 이유다.

국방부, 방위사업청, 국과연 등이 실무회의를 했는데, 일반예산을 쓰려면 절차가 복잡해 대통령 지시사항을 조속히 이행하는 데 어려움이 있다고 판단했다. 이에 무기체계 획득 위계구조의 최하위 조직인 국과연이 '자체연구개발사업'으로 떠안게 된 것이다.

그러나 사업 책임자인 박규돈 박사는 국과연은 연구개발기관이라는 인식이 확고했다. 그는 어느 순간 이것이 무기 도입으로 향하고 있다고 보게 됐고, 국과연 사업으로 하는 것이 부적절하다고 주장했다. 드론사 창설 준비단이 국과연이 만든 무인기 모두를 가져가려고 할 때도 박 박사는 충분히 협의되지 않았다고 반발했다. 그리고 국과연은 드론사에 무인기를 넘겨주는 관리전환 심사 과정에서 "반드시 '교육'에 제한적으로 활용하라"고 못박았다.

명령 2: 무인기를 평양에 보내 전단을 살포하라

　드론사 요원 누구도 소형정찰드론1형을 북한에 보내는 데 문제의식을 느끼지 못했다. 드론사는 국과연에 분명히 "교육" 용도로 쓰겠다고 관리전환을 요청했고, 그 목적에 한해서 쓰라는 공식적인 답변을 받은 셈이었다. 말하자면 V의 지시는 이 약속을 깨라는 것이나 다름없었는데도 말이다.
　평양에 무인기를 보내 전단을 살포하는 행위는 한미연합 수준의 작전이며, 군사정보지원작전(심리전 작전)이다. 김용대 사령관을 비롯해 영관급 장교들이 이 작전은 협의가 필요하고 합참 정보지원작전과의 통제가 필요한 작전이라는 점을 몰랐을 리 없다. 그러나 이들은 그냥 V의 지시라는 점에 의지해서 작전을 강행했다.
　평양에 무인기를 보내 전단을 살포하라는 V의 지시를 전해 들은 드론사 북파 TF 구성원들도 큰 문제의식을 느끼지 못했다. 야전에서 무인기를 직접 다루기보다, 사무실에서 작전계획을 세우고 표적을 관리하는 이들은 V의 지시를 직접 받았다는 사실에 다소 흥분감마저 느꼈다.

　유일한 문제 제기는 무인기를 직접 날리는 비행반장 조민수 상사로부터 나왔다. 조 상사는 2024년 11월 13일 현장에서 사령관이 직접 관여한 비행경로가 위험하다고 중대장에게 이의를 제기했다. 그는 무인기가 전단을 살포하는 지점은 한 곳인데, 왜 여러 곳을 배회하는지 이해할 수 없었다. 또 무인기가 북한의 레이더에 지나치게 인접해 비행하게 된 것을 파악했다.

김용대 등은 무인기를 일부러 추락시켜야 한다거나, 북한이 우리 무인기로 인식하게 해야 한다고 지시하지는 않았다. 하지만 사실상 추락 가능성을 높이는 지시였다. 조 상사는 바로 이 점을 이상하게 보았고, 무인기의 추락 가능성을 줄일 수 있게 조치해야 한다고 주장한 것이다.

명령 3: 오물풍선 원점을 타격하라

북한의 오물풍선은 우리가 난생처음 겪는 위협이었다. 우리 군은 이에 어떻게 대응할지를 고민했다. 합참은 전술 토의를 한 끝에 오물풍선 자체를 타격하는 것은 위험물질이 유출될 수 있어 부적절하다고 판단했다. 그렇다고 이에 대응해 북한에 전단을 살포해야 한다는 결정을 내리지는 않았다.

하지만 김용대 사령관은 2024년 6월경, 김용현 경호처장에게 드론사가 무인기를 개조해 심리전을 펼치는 방안을 검토하고 있다고 말했다. 김용현이 "북한 오물풍선 상황이 심각하다"고 말한 데 대한 응답이었다. 합참은 오물풍선에 신중하게 접근했는데, 김용대 사령관은 관계도 없는 민간인 김용현과 오물풍선 대응 심리전에 대해 상의한 것이다.

합참과 지작사는 김용현이 수차례 강요한 오물풍선 원점타격에 대해서도 신중한 태도를 보였다. 합참은 김용현의 지시에 북한 오물풍선 원점타격 계획을 수립하긴 했지만, 시행 요건에 대해서는 나름 확고한 방침을 유지했다. 2024년 11월 말, 김용현이 합참 전투통제실까지 내려가 북한 오물풍선 원점타격을 채근해도 합참과 지자사는 버텼다.

명령 4: 시민단체로 위장해 대북전단을 살포하라

시민단체로 위장해 대북전단 풍선을 부양하라는 지시를 들은 국군심리전단의 양태선 상병은 손을 들고 말했다. "이거 우리가 먼저 도발하는 거 아니에요?"

그러나 소대장은 "군인은 명령을 따르는 것"이라며 냉랭하게 반응했다. 다른 소대원들도 명령에 이의를 달지 않았다. 양 상병은 두 가지 문제를 제기했다.

하나는 민간단체로 위장해서 대북전단을 보내는 것에 대한 문제제기였다. 국군심리전단이 민간단체 뒤에 숨어서 북한에 전단을 부양한다면 북한에 실제 살포될 확률이 높았다. 북한이 반발해도 군은 아무것도 하지 않았다고 발뺌할 수 있다.

다른 하나는 북한에서 별 특이 동향이 없는데 우리가 선제적으로 심리전을 하는 것에 대한 의문이었다. 군이 처음으로 북한에 대북전단 풍선을 부양한 시기는 2023년 9월경이다. 북한이 오물풍선을 보내기 전이다.

명령 5: 국방부와 합참 모르게 작전을 수행하라

이 지시는 지휘체계의 근간을 흔드는 것이었다. 드론사는 국방부 장관 직속 부대이면서 합참의장의 지휘·감독을 받는 합동부대다. 그런데 국방부와 합참의 지시가 아니면 누구의 지시인가? 북파 TF의 한 장교는 김용현 경호처장의 직접 지시이거나 김용현이 대통령 안보실을 조종한 것이라고 생각했다.

정상 지휘체계에서 아예 비켜 간 명령을 들은 북파 TF 구성원들은 이것이 작전지휘체계에 심각한 결함이라는 생각을 하지 않았다. 이들은 대통령의 뜻이라면 상관없다고 여겼다. 대통령이 군 통수권자이며, 국방부 장관이나 합참의장은 모두 대통령의 통수권 행사를 보좌할 뿐이기 때문이다.

김용현이 국방부 장관에 취임한 2024년 9월 이후 이 딜레마가 사라졌다. 대신 국방부 장관이 합참의장을 건너뛰고 드론사에 작전명령을 내릴 수 있느냐는 문제가 남았다. 물론 군 인사를 좌우하는 장관과 인사에 개입할 수 없는 합참의장의 권위나 존재감에는 현격한 차이가 있었다. 대다수는 김용현이 합참과 논의 없이 작전에 개입하는 상황을 받아들였다.

명령 6: '정상 소실'로 서류를 조작하라

무인기가 평양에서 추락하기 전까지 하달된 명령은 비교적 부담이 작았다. 국과연은 무인기를 연구 개발해 드론사에 넘길 때 교육용으로 쓰라는 조건을 달고 관리 전환했다.

드론사도 마찬가지였다. 오물풍선 대응으로 무인기를 평양에 보내라는 지시에 따르기는 했지만, 그것이 비상계엄과 연결되리라고는 상상조차 할 수 없었기 때문이다.

그러나 무인기 소실에 대해 거짓으로 서류를 꾸미라는 지시는 당사자에게 명백한 범죄행위를 주문하는 꼴이었다. 핵심 책임자인 대대장(중령)과 비행반장(상사)은 조작에 군말 없이 따랐다. 고위 간부들도 조직적 거짓말을 뒷받침하는 사고조사결과 보고서에 서명했다.

'정상 소실'로 위장하기 위해 생산된 문서가 최소 6건이다. 먼저 북한에 추락해 있지도 않은 74호기로 훈련하겠다는 가짜 훈련계획서가 작성됐다. 그리고 가짜훈련에서 잃어버렸다고 조작하기 위해 5건의 공문서를 감사관실에 제출했다.

상관의 명령이 위법하다면, 이를 따를 의무가 없다. 군인복무기본법에 그렇게 되어있고, 대법원 판례도 일관되게 이를 인정하고 있다. 10 · 26 사건(대법원 80도306전원합의체판결), 12 · 12쿠데타(대법원 96도3376판결), 박종철 사건(대법원 선고87도2358), 안기부 정치

관여(대법원 99도636판결) 등의 판례가 있다.

따를 의무가 없을 뿐만이 아니다. 『군인복무기본법 해설서』(2016)에 따르면, 명백하게 위법한 명령이 아닌 한 복종의무가 있지만, 만약 적법한 명령이 아님을 알면서도 이행한 경우라면 책임을 져야 한다.

그럼에도 이들은 왜 이렇게까지 복종해야 했을까? 단지 사령관의 강압 때문만은 아니었던 것으로 보인다. 오히려 조직을 지키기 위해 책임을 나누어 짊어지자는 심리가 강하게 작동한 것이 아닐까? 위법임을 알면서도 함께 거짓에 동참하면, 책임이 흐려지고 불이익도 분산될 것이라는 암묵적 합의 말이다. 이들은 집단으로서의 안전을 선택한 것이다. 부당한 명령을 바로 잡기보다는 거짓말의 연대책임을 짐으로써 조직을 지킨다고 착각하는 문화가 자리 잡고 있던 것이다.

명령 7: 관련 자료를 은폐·삭제하라

평양 무인기 작전이 널리 알려지자 북한에 다녀온 드론의 로그기록이 문제가 됐다. 이에 드론사는 로그기록 삭제를 위한 공문을 만들어 예하 대대에 하달했다. 그뿐 아니라 드론사는 평양 무인기 작전 관련 자료를 대거 세절하고 은폐했다.

드론사는 각 기체에 저장된 비행 로그기록을 삭제했다. 대범하게도 2025년 3월 8일 '소형정찰드론 비행 로그기록 관리지침 제정 보고'라는 문서를 만들어 예하 대대에 하달했다. 더욱 체계적인 관리를 위해서 이 문건을 만들었다는 외피를 씌웠지만 실상은 로그기록 삭제 지시였다.

이 문서를 본 드론사의 한 젊은 장교는 이를 은폐 시도로 판단했다. 그는 드론교육연구센터가 예하 대대를 직접 방문해 자료를 삭제한다는 사실까지 파악했다. 그 와중에 상부로부터 거짓말을 강요받았던 비행반장과 그의 동료 몇 명은 '혹시 모를 상황'을 대비해 북파 작전을 입증할 수 있는 자료 몇 가지를 별도로 보관했다.

조직은 평양 무인기 작전의 흔적을 집단적으로 삭제하라고 지시했다. 군의 상명하복 체계에 기대어 '다 같이 눈을 감자'는 합의를 종용한 것과 다름없다. 책임을 분산하는 집단적 순응만이 남았다. 군사 전문성과 합리성을 훼손하는 상부의 명령도 문제지만, 그것을 무비판적으로 따르고 문제가 생기면 함께 은폐하는 행태가 어쩌면 더 큰 문제다.

복종함으로써 무책임해지는 역설

군대에서 복종은 오랫동안 가장 중요한 덕목으로 강조됐다. 하지만 그 복종이 비판 없이 맹목적으로 이루어질 때, 그것은 결코 책임을 다하는 것이 아니다. 오히려 "명령을 따랐다"는 안도감 뒤에 숨어 군인으로서 더 큰 책임을 내팽개치는 행위가 된다. 복종과 책임은 결코 같은 것이 아닌데, 우리 군의 문화는 이 둘을 자주 혼동했다.

이번 사건에서 내려진 명령은 크게 두 가지 갈래였다.

하나는 군사 전문성과 합리성을 무너뜨리는 명령이었다. 무인기를 편법으로 도입하라거나, 교육용 장비를 전단 살포에 활용하라는 지시가 대표적이다. 군이 오랜 기간 발전시켜온 전문성과 절차 등을 무시하고, 권력자의 정치적 목적을 위해 군을 도구화한 것이었다.

다른 하나는 명백히 불법인 명령이었다. 국방부와 합참을 건너뛰고 작전을 수행하라거나 무인기 소실을 '정상 소실'로 꾸미라는 지시는 그 자체로 불법행위였다. 위법한 명령 하달과 복종을 금지한 우리 법체계와 어긋난다. 그럼에도 조직은 이를 바로잡기보다는 책임을 나눠지면서까지 은폐하는 데 급급했다.

명령을 따르는 것으로 책임을 다할 수 없다. 군인은 국민에게 받은 소명으로 법과 절차를 지키고, 갈고 닦아온 군사적 전문성을 발휘하면서 임무를 충실히 수행하는 것으로 책임을 진다.

평양 무인기 작전은 군인이 복종함으로써 책임을 내팽개치는 결과를 초래한다는 역설을 보여줬다. 어쩌면 이것이야말로 평양 무인기 작전이 무심코 드러낸 우리 군조직의 가장 부끄러운 모습 중 하나일 것이다.

4장
바람직한 민군관계는 무엇인가?

바로 여기서 질문이 시작된다. 맹목적 명령 복종이 능사가 아니라면, 군을 어떻게 통제해야 하는가? 군을 민주적으로 통제해야 한다는 원칙을 말하기는 쉽다. 구체적으로 어떻게 통제할지를 따지는 것이 어려울 뿐이다.

군을 통제하고 있다는 착시

우리 국방기획체계는 대통령이 국가안보지침을 내리는 '정책' 단계에서 시작한다. 정책(policy)은 기획(planning)으로 이어진다. 적정수준의 군사력 건설·유지에 무엇이 필요한지 판단한다. 그다음은 연도별, 사업별로 구체적 추진계획을 수립하는 계획(program) 단계다. 사업별로 매년 필요한 예산을 확보하는 과정이 예산편성(budgeting)이다. 그 후에 사업 집행 및 분석이 뒤따른다(execution & evaluation).

바로 이 방식이 국방기획관리체계(PPBEES)다.[54] 이 체계는 순환된다. 기획 단계의 국방기본정책서와 합동군사전략서는 5년 주기로 작성한다. 대통령이 첫 정책(P)을 내놓는다지만, 이 체계 내에서 제시하는 것이다. 따라서 대통령의 자율성이 크지 않다.

국회가 국방예산을 확정한다고는 하지만, 국방부가 수립한 예산에서 거의 달라지는 것이 없다. 국방부는 기획재정부에서 반대한 예산을 국회 심의 단계에 포함시키기 위해 국회를 찾는 지경이다. 국회가 관여하는 영역도 크지 않다.

반면, 이 체계는 군인들과 공직자들이 대통령의 지침대로 국방예산을 편성하고 국회 승인도 받았다고 주장할 수 있는 근거가 된다. 어쩌면 정치의 영역은 거의 모든 영역을 국방부 관료 집단에 위임하고는 군을 통제한다는 착시를 느끼는 것일 수 있다. 그리고 이 지점에서 군 고유의 영역이 형성된다. 특히 군사작전과 관련된 영역은 고도의 전문성과 사명감으로 무장한 군인만이 할 수 있는 불가침 영역으로까지 인식된다.

순수한 군사 전문성이라는 건 환상에 가깝다. 어디에나 그렇듯이 그 안에도 결국 정치가 있다. 클라우제비츠(Carl von Clausewitz)는

---

54) PPBEES에 따라 장기기획(P)-중기계획(P)-예산편성(B)-사업집행(E)-분석평가(E)로 이어지는 일련의 단계를 거치며 일사불란하게 추진되도록 설계돼 있다.

"전쟁의 유일한 원천은 정치"라면서 "군사기획이 순수한 군사적 판단의 문제라는 주장은 받아들일 수 없으며 위험하다"라고 지적한 바 있다.

군인의 군사 전문성이 강화될수록 비정치화가 될 것이라는 주장도 순진한 생각이다. 민간인은 접근할 수도 없고, 이해도 하기 어려운 전문 영역을 독점한다는 현실 자체가 군을 민주적 책임과 통제의 바깥으로 밀어내는 결과를 초래할 수 있다.

어떤 윤리가 필요한가?

앞서 열거한 명령들은 상급자가 내리기 부적절하고 하급자는 따를 수 없는 것들이다. 명령의 배후에는 물론 윤석열과 그 하수인 김용현이 있었다. 이들이 위법하고 부당한 명령을 내릴 수 없게 하는 것, 그런 명령이 내려와도 군에서 걸러질 것이라는 신뢰가 지금은 부족하다. 그래서 새로운 윤리가 필요하다.

민군관계 이론을 최초로 정립한 새뮤얼 헌팅턴(Samuel Huntington)은 군인이 전문 직업인이라는 인식을 갖고 고유의 임무에만 천착하며 정치와 거리를 두는 전문직업주의를 바람직한 모델로 삼았다. 알프레드 스테판(Alfred Stepan)은 주로 중남미 사례 분석을 통해 군이 정치적 역할을 스스로 증대하는 원리를 포착했다. 스테판은 정치군인들이 고유의 임무를 넘어 새로운 전문직업주의를 추구한다고 봤다.

고전적인 직업윤리의 시대도 지나갔고, 정치군인의 시대도 막을 내렸다. 12·3 내란에서 우리가 본 건 군 통수권자의 망상에 군인의 본분을 잊고 휩쓸려간 무기력한 장군들이었다. 지금 군에는 불법적이고 부당한 지시에 따르지 않고, 스스로 전문성을 유지하면서 정치권력과 상대할 수 있는 윤리와 문화가 필요하다.

새뮤얼 피치(Samuel Fitch)는 헌팅턴의 구직업주의, 스테판의 신직업주의가 아닌 '민주적 직업주의'를 대안으로 제시했다.

먼저 문민 우위를 헌정질서의 핵심 원칙으로 삼고, 군은 그 질서에 자발적으로 복종하는 윤리를 내면화해야 한다. 여기서 복종의 대상은 군 통수권자 개인이 아니다. 헌법과 법률, 절차에 근거하고, 군의 전문성을 여실히 발휘해야 한다. 문민 우위를 인정하되 군이 충분히 조언할 수 있는 여건이 조성되어야 한다. 2세대 민군관계 학자라 할 수 있는 코언(Eliot Cohen)은 이러한 "불평등 대화"가 바람직하다고 봤다.

다음으로 군은 대외전(external warfare)을 위해 존재한다는 점을 명심하고 실천의 기준점으로 삼아야 한다. 헌팅턴도 군을 국가 외부의 적으로부터 방어하는 '대외 방어 전문가'로 한정해야 한다고 보았다. 그뿐 아니라 이후 거의 모든 민군관계 대가들은 극히 예외적인 경우에만 군이 국내문제에 관여할 수 있다고 주장했다. 실제 우리 군은 원칙적으로 대국가전복, 대테러, 대간첩 등을 제외하고는 국내문제에 개입할 수 없다.

우리 근현대사를 돌아보면, 군이 스스로 대외전에만 관여한다는 원칙을 지킨 사례가 있다. 1952년 부산정치파동 당시 이종찬 육군참모총장은 계엄 업무 지원을 위한 병력 투입을 명령받았지만 거부했다. 그는 "군은 정사에 간여하는 경거망동을 하지 말라"는 '육군 장병에게 고함'이라는 훈령을 하달했다. 1960년 4·19 혁명 시기 송요찬 육군참모총장도 시위대 진압 명령을 거부했다. 이종찬과 송요찬은 그 임무가 군의 본분에 맞지 않다고 판단한 것이다.

하지만 군이 국내 문제에 직접 개입한 사례가 더 많았다. 이승만 정권 시기에는 군이 국회의원 10여 명을 불법 체포해 반민족행위특별조사위원회를 무력화하거나 이승만의 정적인 조봉암에 대한 불법 수사에 나서기도 했다. 두 차례 군사정부가 출범한 것은 군이 문민정부를 무너뜨렸기 때문이다. 김영삼 정부를 기점으로 문민정부 시대가 열렸음에도 기무사령부를 앞세운 군의 국내 문제 개입 논란이 끊이지 않았다.

문민정부는 도그마에 빠지는 걸 경계해야 한다. 정부는 선거와 지지자를 의식할 수밖에 없다. 군을 얼마든지 정치적으로 이용할 수 있고, 실행에 옮겨볼까 하는 유혹에 빠질 수 있다. 문제는 일시적인 정권의 이익을 국익이라고 착각하는 것이다.

문민정부가 이런 도그마에 도취하면 군의 전문성과 합리성을 훼손하는 지시를 내릴 수 있다. 당연히 군이 군사작전을 군인만이 다룰 수 있는 불가침 성역으로 여기는 것이 잘못이듯, 문민정부가 군의 전문성과 합리성을 무시하는 것도 잘못이다. 강압이 아니라 토론과 협의를 통해 민과 군 사이에 적정한 역할 분담을 해야 할 것이다.

여기서 핵심은 합리성이다. 합참은 북한 오물풍선 원점을 타격하라는 윤석열의 요구가 비합리적이라는 걸 알아챘다. 사실 관련 업무를 하는 사람이면 누구나 알아차릴 수 있었다. 정해진 법과 절차를 어기면서까지 어떤 행위를 강요하면, 그 동기를 의심할 수밖에 없지 않겠는가?

군사적 합리성은 고도의 전문적인 영역이자 상식선에서 논의할 문제다. 우리 군이 헌법과 관계 법령을 준수하는지, 불필요한 희생을 강요하지는 않는지, 국민과 국가가 아니라 특정 정치세력을 위한 작전을 구상하는 건 아닌지, 국민은 알 권리가 있기 때문이다.

따라서 12·3 내란 이후 민군관계의 윤리와 언어는 더욱 합리적이고 보편적이어야 한다. 소수의 지휘관들이 의사결정권을 독점하는 권위적이고 폐쇄적인 구조에서 탈피해 국민과 소통하고 공감대를 형성해야 한다. 그것이 국민의 군으로 거듭나는 길이다.

| 나 가 며 |

평양 무인기 작전은 무엇이었나?

동맹도 건너뛴 가장 과격한 북풍

그 무시무시한 이름과 달리 북풍은 따지고 보면 모두 국내용이었고, 북한과 관련성도 적었다. 지금까지 북풍이란 '친북'이라는 낙인을 찍거나 북한에 대한 혐오 감정을 이용해 정치적 이익을 얻겠다는 공작에 불과했다.

평양 무인기 작전은 북풍의 역사를 새로 썼다. 이 작전은 소극적으로 혹은 상징적으로 북한을 이용해 온 북풍의 관행을 깼다. 한반도 안보를 공동관리하는 동맹국 미국을 패싱한 역사상 가장 '반미'적인 작전이기도 했다.

1971년 재일동포 유학생 간첩 사건, 1987년 KAL기 폭파범 대선 전날 압송, 1992년 남한조선노동당 사건, 1997년 총풍 사건, 2012년 국정원 댓글 사건은 고작 선거 승리를 위해 북한을 상징적으로 활용한 북풍이다.

윤석열·김용현은 '내란 승리'라는 더 원대한 꿈을 꿨다. 실패하면 선거 패배인 북풍과 실패하면 사형 혹은 무기징역인 북풍은 다르다.

그 절실함의 차이야말로 무인기를 군사분계선 너머로 보낸 동력이었다.

평양 무인기 작전과 북한 오물풍선 원점타격 중 하나만 성공했어도 전시계엄 명분은 만들어졌을 것이다. 북한이 반격하고 우리 장병이 피를 흘린 이후 비상계엄이 선포됐다면 어땠을지 상상하면 간담이 서늘하다.

한편, 이 작전은 군사적 합리성이 붕괴한 채 시행되었으며, 윤석열·김용현 등이 주도한 뒤틀린 관계와 타락한 윤리로부터 잉태되었다. 북풍이라는 비판과 더불어 반드시 짚고 넘어가야 할 지점이다.

군사적 합리성을 무너뜨린 작전

북한에 무인기를 보내 전단을 뿌린다면, 그 목표가 분명하고 우리 국가 목표에 비춰 합당해야 할 것이다. 국제법과 작전법 등도 최대한 준수해야 한다. 그러나 우리 군은 북풍 작전을 공식적으로 검토하고 판단할 수 없었다. 군 통수권자의 명령이었기 때문이다. 자연스럽게 작전의 기획-준비-시행 모든 단계에서 우리가 법률과 오랜 경험으로

나가며

정해둔 절차와 원칙 그 어느 것도 지켜지지 못했다.

기획 단계부터 어그러졌다. 아무 자격과 권한도 없는 경호처장 김용현이 드론작전사령관과 논의한 게 작전의 시작이었다. 작전에 쓰인 소형정찰드론1형은 편법으로 도입한 것이며, 비전문가들이 3D 프린터로 전단통을 급조하고, 항공역학 지식도 없이 개조한 부실한 기체였다.

김용현은 장관에 취임해서도 작전의 기본을 지키지 않았다. 북한에 대한 응징·보복은 유엔사/연합사 정전교전규칙 상 한미가 공동 결정해야 할 사항임에도 미국 측과 일절 상의하지 않았다. 또한 드론작전사령부에 대한 지휘·감독 권한이 있는 합참의장을 건너뛰고 드론사령관과 직접 소통했다.

합동군사정보지원작전 교리는 합참 중심의 중앙집권화된 계획 수립을 요구한다. 합참 정보본부, 작전본부, 군사지원본부의 지원을 받아 심리전 부대에 명령을 하달하는 구조다. 이 원칙도 무시됐다. 집행기관에 불과한 드론사가 김용현과 결탁해 상부인 합참에 알리지 않고 작전을 이행했을 뿐이다.

북풍을 가능케 했던 민군관계

대통령이 안보 문제 때문에 격노할 수 있다. 북한과의 대치가 지속되는 한, 대한민국 대통령은 수없이 격노할 수밖에 없는 상황에 부닥칠 수 있다. 그런데 북한 무인기의 용산 침투에 대한 윤석열의 격노는 특히 심했다. 그는 응징·보복용 소형 무인기 도입을 재촉하며 수량까지 지시할 정도였다.

대통령의 격노에 경호처장 김용현이 솜씨 좋게 대응했다. "무인기 1,000대 도입하자"는 그의 말 한마디에 국방부와 방위사업청, 국방과학연구소가 조직적으로 움직였다. 무기 도입은 통상 수년이 걸리지만, 반년 만에 100대의 무인기가 만들어졌다. 소요 제기도, 합참 소요 결정도, 타당성 조사도 없었다.

무인기 도입까지는 그렇다고 해도 작전은 합참이 확실히 열쇠를 쥐어야 했다. 그러나 김명수 의장은 평양 무인기 작전이 기획되고 이행되고 있다는 사실 자체를 몰랐다고 주장한다. 진실이 어디에 있든, 합참이 드론작전사령부에 대한 지휘·통제에 실패했다는 사실은 변

나가며

하지 않는다.

장관 보좌기관이면서 작전을 총괄하는 합참은 장관의 지침에 대한 실질적·심리적 의존도가 높다. 장관이 하겠다는 작전을 반대할 수 없으니 무슨 일이 벌어지고 있는지 들여다볼 용기도 없었을 것이다. 비겁하고 무능했다는 비판을 들을 만하다. 뒷날 합참의장은 비상계엄이 선포되자마자 요건이나 절차 확인도 없이 특전사와 수방사 지휘권을 계엄사에 넘기지 않았던가?

평양 무인기 작전, 마지막 북풍일까?

이 책을 쓰는 중에 내란·외환 특검이 윤석열을 일반이적죄로 기소했다는 소식이 들려왔다. 내란·외환 특검은 초유의 평양 무인기 작전을 두고 어떻게 법리를 구성할지 치열하게 토론한 것으로 전해진다.

우리는 평양 무인기 작전을 통해 새로운 유형의 외환유치죄를 목격했다. 윤석열은 통모 없이도 외환을 유치할 수 있다는 사실을 증명해 낸 것이다. 윤석열과 김용현처럼 일방적으로 전쟁 위험을 유발하는 행위를 중하게 처벌할 수 있도록 외환죄 개정 논의가 시작되어야 한다.

한편, 외환과 12·3 내란을 통해 우리는 군인들에게 '복종'과 '책임'이 결코 같을 수 없다는 사실을 깨닫게 됐다. 부당한 명령에 대한 복종은 책임 방기다. 따라서 민군관계의 새로운 윤리가 필요하다. 문민 우위를 인정하되 충분히 조언할 수 있는 문화, 복종이 아니라 책임으로 임무를 완수하는 문화가 필요하다.

평양 무인기 작전은 윤석열과 김용현 등이 내란 성공을 위해 '한반도 평화'를 판돈으로 건 역사상 가장 과격한 '북풍 도박판'으로 기억돼야 한다. 동시에 군사적 합리성의 상실과 뒤틀린 민군관계를 여실히 보여주는 역사적 사건이었다.

평양 무인기 작전은 대한민국의 마지막 북풍으로 기록될까? 우리는 올바른 민군관계를 정착시키고, 흔들리지 않을 군사적 합리성을 확보할 수 있을까? 이는 국방 업무를 맡은 이들, 그리고 다시는 외환과 내란을 허용하지 않겠다고 다짐한 우리 국민 모두에게 달렸다.

후기

'윤석열의 난' 막전막후

계엄의 전조(前兆), 대통령실 용산 이전

2022년 3월 10일 새벽. 제20대 대통령 선거에서 윤석열이 대통령으로 당선됐다. 더불어민주당 이재명 대통령 후보와의 표차는 0.73%. 결과가 말해주듯 대선 과정에서 양 진영 간의 네거티브 공방은 치열했다. 이재명 후보에 대한 국민의힘의 공격은 대장동 사건이 주를 이뤘다.

이에 반해 윤석열 후보는 부인 김건희의 허위경력, 주가 조작, 논문 표절 등 하루가 멀다고 새로운 이슈들이 쏟아져 나오는 형국이었다. 무엇보다 국민의힘 경선후보 토론과정에서 방송 카메라에 잡힌 윤석열 후보 손바닥의 '왕(王)' 자 표시는 그가 꿈꾸는 대한민국의 퇴행적 미래에 대한 전조였다. 윤석열은 치열한 경합 끝에 대한민국의 대통령이 아닌 왕이 되었다.

2022년 3월 14일 오후. 느닷없이 청와대 이전 TF 부팀장인 김용현이 국방부 청사로 들이닥쳤다. 국방부 기획조정실장을 만나 다짜고짜 청와대를 국방부 청사로 옮길 예정이니 3월 말까지 국방부 청사를 비우라는 말을 남기고 떠났다.

국방부에 비상이 걸렸다. 바로 다음 날 아침 장관 주재 비상회의가 소집됐다. 누구도 예상치 못한 상황이 발생한 것이었다. 장관 지시로 정책실장이 대통령 인수위원회에 전화를 걸어 "3월 말까지는 어려우니 국방부 청사를 비울 시간을 더 달라"고 요청했지만, "그렇게 못 하겠다는 거냐"는 위압적 답변이 돌아왔다. 윤석열 대통령이 취임하기 전까지는 문재인 정부니 따르지 말아야 한다는 의견도 있었지만, 대다수 공무원은 일방적이고 불법적인 요인이 다분함에도 순응했다. 그렇게 국방부는 대여섯 군데로 쪼개져 나갔다.

대통령 당선이 확정되고 단 4일 만에 청와대 이전이 결정된 이유는 무엇일까? 윤석열 손바닥에 새겨진 '왕' 자가 암시하듯 대한민국을 민주공화국에서 군주정으로 바꾸려는 행위가 아니었을까? 대한민국의 정치체제를 변경하기 위한 전제조건은 친위쿠데타 외에는 대안이 없

후기

었던 것으로 보인다.

은밀한 만남과 비상대권 논의

김종혁 전 국민의힘 최고위원의 증언에 따르면, 윤석열이 비상대권을 처음 언급한 시점은 2022년 11월 27일 한남동 관저에서 열린 국민의힘 지도부와의 첫 만찬에서였다. 대통령, 정진석 국민의힘 비상대책위원장, 그리고 당 지도부 인사들이 함께했는데, 그 자리에서 윤석열은 "비상대권이 있다" "총살당해도 싹 쓸어버리겠다"는 발언을 했다는 것이다. 당선된 지 단 6개월여 만에 대한민국의 왕이 되겠다는 허망한 꿈을 처음으로 드러낸 순간이었다.

비상대권을 행사하기 위해서는 군 지휘부 포섭이 필수적이었다. 저녁 시간대에 군 지휘관들을 은밀하게 소집하기에 한남동 관저만큼 적절한 곳을 찾기 어렵다. 게다가 평시작전통제권을 행사하는 합참이 대통령실 바로 곁에 위치해 군의 일거수일투족을 감시하기에도 더할 나위 없이 좋은 곳이었다. 이러한 점을 고려할 때, 대통령에 당선될 때부터 비상대권을 꿈꾸고 대통령실을 용산으로 옮겼다는 합리적 의심이 설득력을 얻게 된다.

윤석열의 비상대권 행사 의도는 2024년 3월에도 드러났다. 2025년 2월 11일 헌법재판소 탄핵 심판 증인으로 출석한 신원식 전 국방부 장관은 2024년 3월 자신과 조태용 국정원장, 김용현 경호처장, 여인형 방첩사령관이 함께한 삼청동 안가 회동에서 "정확한 발언은 기억나지 않지만, (윤석열로부터) '비상한 조치를 해야겠다'는 취지의 발언을 듣고 나서 군이 나서야 한다는 의미로 느꼈다"고 진술했다.

급작스러운 대통령실 이전은 절차적 위법성을 떠나 계엄을 통한 영구집권을 도모하기 위한 출발점이라고밖에는 해석되지 않는다. 윤석열로서는 자신에게 충성을 다하고 위법한 명령이라도 따를 수 있는 군인들이 필요했다.

하지만 청와대에서 충성 맹세를 받고 영구집권 수단으로 군 지휘

후 기

 부를 포섭하는 것은 사실상 불가능했기에 다른 이들의 눈을 피해 은밀하게 모여 후일을 도모하고 군의 동향을 근접거리에서 살필 수 있는 장소가 필요했다.

 군 지휘부를 포섭하는 역할은 당시 경호처장인 김용현이 담당했다. 대통령실 이전과 더불어 한남동 해병대 사령관 공관을 빼앗아 자신의 관저로 사용하던 김용현은 2024년 4월 여인형과 곽종근 특전사령관, 그리고 이진우 수방사령관 등 계엄의 핵심 역할을 맡을 군 지휘관들을 한남동 경호처장 공관으로 불러들여서 모임을 하고 "사회적으로 노동계, 언론계 등 반국가세력 때문에 어려움이 있다"며 이들을 회유하기 시작했다.

 2024년 5~6월에는 삼청동 안가에서 윤석열, 김용현, 여인형이 한 차례 만남을 갖고 윤석열이 "비상대권이나 비상조치가 아니면 나라를 정상화할 방법이 없는가?"라며 계엄 의도를 드러냈다. 이후 윤석열은 김용현, 여인형, 곽종근. 이진우, 강호필 합참차장을 삼청동 안가로 소집했다. 이 자리에서 김용현은 "이들 사령관 4명이 대통령께 충성을 다하는 장군"이라고 소개했다.

2024년 8월에는 대통령 관저에서 충암고 출신인 윤석열과 김용현, 여인형이 만남을 가졌다. 이 자리에서 윤석열은 "정치인과 민주노총 관련자들에 대해 현재 사법체계 하에서는 어떻게 할 방법이 없으므로 비상조치권을 사용해야 한다"고 역설했다.

이후에도 한남동에서의 군 지휘관 회동은 이어졌다. 2024년 10월 1일 국군의 날 시가행진이 끝나고 오후 8시경 윤석열, 김용현, 여인형, 곽종근, 이진우가 대통령 관저에서 모임을 가졌다. 11월 9일에도 동일인들이 모여 비상대권을 논의하는 자리에서 윤석열은 "특별한 방법이 아니고서는 현 시국을 타개할 방법이 없다"고 강조하기도 했다.

시간이 지날수록 윤석열의 비상대권 의지는 강력해졌다. 11월 24일 윤석열은 김용현을 관저로 불러 "정말 나라가 이래서 되겠느냐, 미래세대에 제대로 된 나라를 만들어주기 위해서는 특단의 대책이 필요

후 기

하다"며 계엄을 통한 국가 정상화를 시도하겠다는 마음을 드러냈다.

11월 30일에는 김용현이 국방부 장관 공관으로 여인형을 불러 "조만간 계엄을 하는 것으로 대통령이 결정할 거다. 더 이상 이 난국을 볼 수 없다"면서 "국회를 계엄군이 통제하고, 계엄사가 선관위와 여론조사 꽃 등의 부정선거와 여론조작의 증거를 밝혀내면 국민도 찬성할 것이다"라고 했다.

이어 윤석열은 관저로 김용현과 여인형을 불러 "헌법상 비상조치권, 비상대권을 써야 이 난국을 해결할 수 있다"고 강변했다. 또한 이튿날 오전 11시에 김용현을 관저로 불러서 "국가비상대책을 강구해야 한다"고 거듭 강조했다.

그리고 계엄의 밤 7시 30분에 윤석열은 삼청동 안가에 조지호 당시 경찰청장과 김봉식 서울경찰청장을 소집해 "오늘 밤 10시에 비상계엄을 선포해야겠다"는 결심을 전달하고 "계엄군이 국회 등 여러 장소에 출동할 것이니 경찰이 국회 통제를 잘해달라"는 지시를 하달하기에 이르렀다.

현재까지 밝혀진 내용을 토대로 '왜 윤석열이 법절차를 무시하면서까지 대통령실과 관저를 용산과 한남동으로 이전했는지'를 추론하는 것은 어려운 일이 아니다. 대통령 후보 시절 손바닥에 '왕' 자를 새겨서 TV 방송토론에 나온 걸 보면 그때부터 영구집권을 꿈꿨음이 분명하다.

청와대는 공간적으로 군 지휘관들이 드나들기에는 노출 가능성이 높았다. 군 지휘관들을 포섭하기 위해서는 쉽게 드나들고 군 동향에 대한 감시가 수월한 공간이 필요했다. 그래서 전격적으로 대통령실과 관저를 이전한 것으로 보인다.

계엄의 빌드업, 인사시스템 완비

군 지휘부 포섭은 윤석열과 같은 고등학교 출신인 이른바 충암파의 좌장이라 불리는 김용현이 담당했다. 게다가 계엄법 제2조에 따라 '국방부 장관 또는 행정안전부 장관이 국무총리를 거쳐 대통령에게 계엄의 선포를 건의할 수 있다'는 점을 염두에 두고 행안부 장관 역시

| 후기 |

충암고 출신인 이상민을 포진시켰다.

김용현은 경호처장으로 재직하면서 계엄 관련 인사시스템을 구축해 나갔다. 계엄 선포 시 합동수사본부장을 맡게 될 방첩사령관에 충암고 후배인 여인형을 위치시켰다.

또한 계엄 선포 시 주요 임무를 수행하게 될 수방사령관에 이진우 중장을, 특전사령관에 특전사 경험이 전무한 곽종근 중장을 임명하고 이들에 대한 포섭에 나섰다. 특히 곽종근 특전사령관의 경우 중장 진급에 3차례나 떨어졌음에도 이례적으로 4차에 진급시킴으로써 충성심을 유발했다.

문상호 정보사령관의 경우 2024년 6월 정보사 군무원의 블랙 요원 명단 해외 유출 사건과 부하 여단장과의 갈등 등으로 각종 논란에 휩싸였다. 관련 여단장은 하극상에 따른 상관 모욕 등의 이유로 직무 정지됐고, 문 사령관 또한 문책 인사를 면하기 어려웠던 상황이었다.

게다가 문 사령관은 관련 여단장으로부터 고소를 당하기까지 했다. 신원식 국방부 장관은 당연히 문 사령관에 대한 인사조치를 검토했다. 하지만 신원식을 밀어내고 장관에 취임한 김용현은 문 사령관의 '현 보직 유지'를 지시했다. 이 같은 사실은 검찰 비상계엄 특별수사본부(본부장 박세현 고검장)에 참고인으로 출석한 당시 오영대 인사기획관의 진술에서 확인된 것으로 알려졌다.

국방부 장관 교체는 신원식 장관이 대통령의 '비상대권 조치'에 강하게 반발했기 때문이다. 계엄을 위한 인사시스템 완비에 변수가 생긴 것이다. 신 장관이 장군 인사에 대한 제청권을 행사하면 그간 구축한 계엄용 인사시스템 자체가 붕괴할 가능성이 짙었다.

장군 인사는 통상 매년 4월과 10월 두 차례에 걸쳐 진행된다. 신 장관이 자리를 유지하는 한 계엄 주축 부대로 활용할 방첩사령관, 수방사령관, 특전사령관, 정보사령관 교체가 불가피해 보였다. 비상대권을 꿈꾸는 윤석열이나 김용현에게 신 장관은 눈엣가시였을 것이다. 교체 외에는 대안을 찾기 어려웠을 것으로 추정된다.

후 기

결국 윤석열은 2024년 8월 신 장관을 안보실장으로, 김용현을 국방부 장관으로 내정하는 결단을 내렸다. 누구도 이해하기 어려운 인사였다. 신 장관은 야당으로부터 경질 요구도 받지 않았고, 취임한 지 1년도 안 된 터라 교체 명분 자체가 없었다. 그럼에도 장관 인사를 단행한 것은 비상조치권과 비상대권에 부정적인 신원식을 영구집권계획의 걸림돌로 여겼기 때문인 것으로 보인다.

김용현은 장관으로 내정되기 전부터 장성급 인사에 적극적으로 개입했다는 정황이 검찰 조사에서 확인됐다. 언론보도에 따르면, 2024년 12월 18~19일 검찰 조사를 받은 국방부 인사기획관이 "김용현이 경호처장으로 재임하던 시기부터 장성급 인사에 관여했다"고 진술했다고 한다.

이 같은 진술에서도 확인됐듯이 김용현은 윤석열이 비상대권 조치를 결심했던 순간부터 인사 개입을 통해 비상계엄을 준비해 온 것으로 보인다. 2024년 9월 6일 장관에 취임한 김용현은 그해 11월 25일

하반기 장성 인사를 단행했다.

첫 장성급 인사였지만, 그간의 장성급 인사와는 확연히 다르다는 평가가 나왔다. 해병대 1명, 해군 2명, 공군 3명의 중장 진급 인사가 이뤄진 데 반해 3성 장군 수가 타군 대비 3배 이상 많은 육군에서는 중장 진급자가 없었기 때문이다. 장성급 정기 인사에서 중장 진급자가 없는 것은 매우 이례적인 일이었다.

하지만 비상계엄을 위한 인사시스템 완비 차원에서 보면 일면 이해가 된다. 만일 장성급 인사에서 육군 중장 진급자가 생긴다면 장차 계엄군에서 핵심 역할을 담당할 방첩사령관 여인형, 수방사령관 이진우, 특전사령관 곽종근, 정보사령관 문상호의 보직 이동이 불가피했다. 계엄을 준비하는 김용현 처지에서는 육군 중장 진급 자체를 배제할 수밖에 없었을 것이다.

김용현은 경호처장 할 때부터 계엄 빌드업 차원에서 인사시스템을 완비했다. 장성급 인사를 담당했던 국방부 인사기획관의 검찰 진술처

후　기

럼 경호처장 당시 계엄 임무 부대 지휘관들의 진급과 보직에 개입했다. 국방부 장관으로 임명된 이후에도 이례적인 인사를 통해 비상계엄 빌드업을 한 것이다.

계엄 선포의 전제조건, 북한 도발 유도
　윤석열이 꿈꾼 대한민국은 영구집권을 위한 군주국가였다. 민주주의가 탄탄하게 자리 잡은 대한민국에서 자신의 꿈을 이룰 방법은 비상계엄밖에 없다고 판단했다.
　헌법재판소 탄핵 심리 과정에서 윤석열이 비상계엄을 선택한 이유가 자세히 드러났다. 12·3 비상계엄의 비선으로 지목된 노상원 전 정보사령관의 수첩 메모가 이를 뒷받침한다. 가장 눈에 띄는 대목은 윤석열 정권에 대항하는 정적 수거였다. 메모에는 '차기 대선에 대비해 모든 좌파 세력을 붕괴시킬' 목적으로 정치인, 판사, 국정원, 경찰, 언론인, 연예인 등 5,000~1만 명에 달하는 인원을 수거하기 위해 호송선 3~5척을 준비한다고 적혀 있다.

계엄 이후 영구집권 계획도 구체적이었다. 계엄 이후 헌법을 개정해 재선, 그리고 3선을 위한 제도적 장치를 마련한다는 구상을 밝혔다. 윤석열의 3선을 위해 중국과 러시아의 선거제도를 연구할 필요가 있다고 적기도 했다. 당시 윤석열은 비상계엄이 야당의 입법 독주를 견제하기 위한 '경고용'이고, '대국민 호소'라고 주장했지만, 실상은 '북한의 도발'을 빌미로 정권에 반대하는 세력을 뿌리 뽑고, 영구집권을 획책하려는 의도임을 분명하게 드러낸 것이었다.

비상계엄은 대통령의 고유권한이다. 다만 대통령도 헌법 제77조 제1항에 규정하고 있듯이 '전시·사변 또는 이에 준하는 국가 비상사태에 있어서 병력으로써 군사상의 필요에 응하거나 공공의 안녕질서를 유지할 필요가 있을 때'를 제외하고는 비상계엄을 선포할 수 없다.

윤석열이나 계엄 기획 세력이 이 점을 모를 리는 없었을 것이다. 전시, 사변 또는 이에 준하는 국가 비상사태를 만들어 비상계엄의 명분으로 삼을 필요가 있었다. 이들이 생각할 수 있는 시나리오는 자연스레 '북한의 도발'로 귀결되었다. 비상계엄 선포를 위한 딱 하나의 전제

후 기

조건은 북한이 도발해 주는 것이었다.

　서해 5개 도서를 포함한 접경지역에서 남북 간 무력충돌이 발생하면 그것만으로 비상계엄 선포 명분이 생긴다. 일간지 1면 혹은 방송 헤드라인에 '남북 간 무력충돌'이라는 문구 하나만 들어가면 계엄 기획 세력의 의도는 성공할 수밖에 없다. 국회의원이 계엄 해제를 의결하러 국회 본회의장으로 집결할 일도, 국민이 국회의사당으로 달려올 일도 없었을 것이다. 그러나 현실은 윤석열이나 계엄 기획 세력이 원하는 방향으로 흘러가지 않았다.

　윤석열 정권은 비상대권 행사를 기획하면서 '북한 도발 변수'를 만들기 위해 9.19 군사합의 효력을 정지하고 이례적인 군사 행위를 선보였다. 9.19 군사합의는 북한 도발 유도의 장애물이었다. 그것을 그대로 둔 상태에서 북한의 도발을 유도하는 것은 가능하지도 않았다. 윤석열 정권은 2023년 11월 북한의 정찰위성 발사를 빌미로 9.19 군사합의 중 남북 접경지 상공에 비행금지구역을 설정한 조항의 효력

정지를 발표했다. 이어 북한의 오물풍선 살포와 위치정보시스템 교란 공격 등이 이어지자 2024년 6월 군사합의 전면효력 정지를 결정했다. 북한 도발을 유도하기 위한 제도적 장애물이 사라지게 된 것이다.

윤석열 정권은 민간단체의 대북전단 풍선 살포 행위를 의도적으로 막지 않았다. 항공안전법에 미승인된 비행체는 단속하게 돼 있는데도 말이다. 더욱이 이를 악용해 북한 도발을 유도할 목적으로 군이 직접 나섰다. 국군심리전단은 민간단체가 대북전단 풍선을 살포하는 시간대에 맞춰 자체 제작한 세 종류의 풍선을 북한에 날려 보내는 활동까지 서슴지 않았다.

비상계엄의 전제조건이 되는 북한 도발을 유도하는 듯한 작전은 윤석열 집권 내내 이어졌다. 아파치 공격 헬기의 북방한계선 위협 비행도 주요 사례다. 비상계엄 명분을 쌓기 위해 육군항공사령부를 동원해 2024년 5~11월 무장한 아파치 헬기를 서해 북방한계선을 따라 비행하게 해 북한 도발을 유도했다는 의혹이다.

후 기

아파치 헬기 조종사들은 내란 특검 조사 과정에서 2024년 5월부터 한 달에 한두 차례 30㎜ 기관포탄과 헬파이어 미사일로 무장한 채 약 20분간 북방한계선을 따라 기동하는 작전이 진행됐다고 진술했다. 조종사들에 따르면, 통상 북한과의 무력충돌을 피하고자 비행 시 북방한계선을 우회하는 경로를 선택하는데 당시는 상당히 다른 패턴으로 비행이 이뤄졌다고 한다. 특검은 또 2024년 9~11월 북한을 자극하기 위해 '북한의 특정 지역을 타격하겠다'는 거짓 무전을 군 관계자들이 주고받았다는 진술도 확보한 것으로 알려졌다.

9.19 군사합의 효력 정지, 국군심리전단의 대북전단 풍선 살포, 아파치 헬기의 북방한계선 위협 비행 등 우리 군의 공세적이면서도 이례적인 활동에도 북한은 과거와는 달리 움직이지 않았다. 오히려 북한은 '적대적 두 국가론'을 내세워 남북관계를 완전히 단절하려고 했다.

비상계엄을 통해 영구집권을 꿈꿨던 윤석열 정권이 북한의 도발을 유도하기 위해 선택할 수 있는 유일한 행위는 '북한으로의 직접 침투'

였다. 그렇게 기획된 것이 평양 무인기 침투 작전이었다. 휴전선 인근에서의 어떠한 행위보다 북한을 효과적으로 자극할 방법이라고 믿었던 것이다.

  그렇게 윤석열은 북한의 핵심지역인 평양 상공으로 중국산 항전장비가 장착된 무인기를, 그것도 우리 군의 지휘체계를 유린하면서 보냈다. 북한의 도발과 무력충돌, 그리고 비상계엄 선포를 꿈꾸면서 말이다. 그 결과는 비참한 몰락이었다.

부록

무인기 제보 녹취록 (드론작전사령부 관계자)

1. 윤석열과 김용현이 좋아했다는 이야기 들은 경위

부승찬 의원실
예 그 윤석열하고 김용현이 네 북한이 2024년 10월 11일 중대 발표로 우리가 우리 드론사가 무인기를 평양에 침투시켜서 삐라를 살포했다라는 중대 발표를 듣고 난 윤석열 김용현이 박수치면서 좋아했다는 얘기를 해주셨는데, 그 구체적인 내용하고, 이야기를 들은 경로를, 그리 이야기를 말해준 사람에 대해서 좀 설명을 부탁드립니다.

제보자
(내부 사정을 잘 아는 부대원들에게) 요즘 부대 내 반응이 어떻냐고 물어봤고, 다들 알고 있는 상황이이었습니다. 그들이 저에게 'VIP랑 김용현 장관이 엄청 좋아했다더라'고 말하더라고요. 여러 사람에게 들었습니다.

부승찬 의원실
그 이야기를 들은 시점이 언제입니까?

제보자

11월 경입니다. 사령부에서 계속 무인기를 비행시킬 수 있다는 이야기가 나온게 11월 경입니다. "VIP랑 장관이 북한이 발표하자 박수치며 좋아했다. 너무 좋아해서 드론작전사령관에게 또 하라고 그랬다. 그래서 사령관이 굉장히 부담을 느끼고 있다"는 이야기까지 들었습니다.

2. 드론사는 북한에 총 몇 번 무인기를 날렸나?

부승찬 의원실

그러면 그 사람이 총 몇 번 날렸다는 얘기도 했었죠?

제보자

그렇습니다. 5번 정도라고 이야기 했던 것 같습니다(2024년 11월 초 현재). 근데 윤석열과 김용현의 박수 이야기 이후에 사령관도 좀 부담을 느껴서 참모들도 관여를 못 하는 거 같다는 식으로 이야기했습니다.

부승찬 의원실
관여를 못 한다는 건 사령관이 부담을 느껴서 그랬다는 건가요?

제보자
네. 참모들을 끼우지 않고 사령관이 야전 대대장들에게 직접 이야기를 하고 있다는 식이었습니다.

3. 드론사 누가 어떻게 무인기를 날렸나?

부승찬 의원실
아 그러면 10월 달에 11월 달에 이렇게 두 달에 걸쳐서 날렸는데 10월에는 소수 인원이 참모 조직으로 있었던 거죠?

제보자
소수 참모 조직이 계획을 했고 다 쉬쉬하면서 알고 있었지만, 그 계획에 따라서 믿을 만한 대대장들에게 날리라고 지시를 했습니다. 그땐 참모들도 알고 있었고…하지만 그 VIP 또는 김용현의 압박이 온 이후부터는 사령관이 부담을 느끼고 참모들을 좀 배제한 상태, 그러니까 소수 참모들만 놔두고 다 배제한 상태에서 작전을 실시했습니다. 예를 들어 소령급들을 다 없애버리고 중령, 대령 이상급만 아는 상태에서 무인기를 계속 날리면서 부담을 느끼고 있었다는 이야기를 들은 거죠.

부승찬 의원실
그러면 11월 작전은 좀 더 보안에 사령관이 신경을 썼다는 의미인가요?

제보자
사령관이 정치적 부담 같은 것도 느낀 것 같고, 보안 유지도 좀 필요하다고 생각한 것 같습니다.

4. 11월 기준, 무인기를 더 날릴 계획이 있었나?

부승찬 의원실
날린 횟수가 최소 다섯 차례 이상이라 그랬죠? 그러면 그 이야기 (VIP와 김용현이 박수치며 좋아했다는 이야기)를 들으신 건 부대

부 록

원들로부터 다섯 차례 이상 날린 이후에 들으신 거죠?

제보자
네. 그 인원들과는 제가 11월 쯤에도 같이 이야기를 했으니까요.

부승찬 의원실
네 그 시점에 '더 한다'는 얘기도 있었습니까?

제보자
정확한 워딩은 기억이 안 나는데 워낙 다들 부담을 느끼는 상황이어서 조심스럽게 '사령관이 더 하려고 한다' 이랬던 것 같아요.

5. 11월에도 날렸다는 이야기 들었을 때 심정

부승찬 의원실
예 잘 알겠습니다. 그 11월 작전 이야기를 들었을 때 어떤 심정이셨죠?

제보자

그때는 계엄을 상상하지 못했기 때문에 무리해서라도 계속 하려고 하는구나 생각했습니다. '요즘 효과를 보니까 효용성을 느꼈구나', 대통령과 장관이 이런 생각을 했구나 싶었습니다. 어쨌든 하나 (평양에서) 소실됐기는 했지만, 북한이 제대로 대응하지 못하고 허둥댔다는 인식이 있었기 때문에 '효용성을 확인했으니 더 써먹으려고 하는구나' 하는 생각을 했습니다. '계속 이러면 큰일 날 텐데' 하는 생각도 들었습니다.

6. 윤석열과 김용현이 좋아했다는 이야기 들었을 때 심정

부승찬 의원실

'윤석열, 김용현이 박수치며 좋아했다' 이 말을 들었을 때는 어떤 생각을 하셨어요? 어떤 기분이 드셨나요?

제보자

그게 그렇게 막 좋아할 일인가 싶긴 했는데에 좀 황당하긴 했습니다. 왜 그렇게 좋아하실까 생각했습니다.

부승찬 의원실

계엄이 터진 직후 처음 제보를 해주셨는데, 제보를 한 동기가 11월 작전에 대해서 들었던 이야기와 윤석열과 김용현이 박수치며 좋아했다는 이야기를 듣고 느낀 것과 관계가 있나요?

제보자

그렇죠. 왜냐하면 계엄 전에야 뭐 작전이 잘 됐다고 평가해서 사실 그냥 뭐 좋아할 수 있는 거니까요. 성공에 대해서도 좋아할 수 있다고 생각했는데, 계엄이 터지고 나서 외환과 북풍 이야기가 나오면서부터 이상하게 생각했습니다.

아, 평양 무인기 작전이 계엄에 이용됐구나, 하는 자괴감이 들어 굉장히 부끄러웠습니다. 사실 부대에서 이거 준비할 때는 그래도 나름대로 북한 오물풍선에 대응하는 자부심을 가지고 작전을 준비했습니다. 그러나 계엄 후에 모든 게 맞춰지는 겁니다. 합참 모르게 해라, 국방부 모르게 해라, VIP와 김용현이 박수치며 좋아했다, 이게 '북풍공작'이었다는 게 연결이 되어 너무 자괴감이 들어서 제보를 하게 됐습니다.

부승찬 의원실
그 이용당했다라는 그 말씀을 좀 더 구체적으로 해주실 수 있나요? 뭐에 이용당했다?

제보자
계엄 선포를 위한 밑밥 공작에 저희 드론사령부가 이용당한 것 같았습니다. 안 그래도 창설 이후에 임무가 불명확해서 헤매고 있던 드론사가 그렇게 북풍 공작에, 계엄 선포를 위한 밑밥으로 이용당했다는 게 굉장히 부끄러웠고 부대원들이 너무 불쌍했습니다.

7. 무인기 전단 살포 훈련에 대해

부승찬 의원실
혹시 전단지를 살포하는 훈련도 했나요?

제보자
전단통을 제작하고, 이와 관련해 3D 프린터를 도입한다는 것까지 알고 있었고, 전단통을 터뜨려서 떨구는 훈련까지 한다고 들었습니다.

부승찬 의원실
혹시 그 훈련을 눈으로 보셨나요?

제보자
참관을 못 하게 해서 보지 못했고 말로만 들었습니다. 그런데 누군가가 훈련 보러 간다는 것까지는 들었습니다.

8. 추락 가능성에 대한 드론사 자체 평가

부승찬 의원실
무인기가 평양에서 비행하는 경로를 보면 평양시내 상공에서 굉장히 여러 곳을 돌잖아요? 훈련 중에 무인기가 여러 차례 추락했다고 하셨는데, 어떤 때 추락했나요?

제보자
이 무인기가 비행 자체에 대한 부담은 크게 없다고 생각했습니다.

그런데 그 기체가 급조한 기체라 성능 자체가 좀 부실하다보니 어떤 방식으로든 손실은 있을 거라 생각했습니다.

부승찬 의원실
혹시 생존률이 몇 프로 정도 되겠다는 판단도 했었나요?

제보자
현실적으로는 한 50%에서 80%, 적게는 50% 잘 되면 80%라고 생각했습니다. 대체로 절반은 돌아오지 못하는 상황을 감수한다고 생각했습니다. 정말 보수적인 의견에서는 "야 이거 20 프로면 성공이다"라는 사람도 있었습니다. 그런데 (떨어진)그놈 한 대면 사실 선방한 겁니다.

9. 평양 무인기 추락 원인

부승찬 의원실
북한에서 공개한 사진을 보면 무인기가 나무에 걸려있습니다. 그리고 북한은 추락한 무인기 사진 여러 장도 추가로 공개했는데,

부　　록

이 사진들을 보고 드론사가 추락원인 등에 대해 분석을 했습니까?

제보자
무인기 훈련 중에 급격히 방향을 틀면 자세가 불안정해져서 추락하곤 했습니다. 경로 자체가 평양 상공에서 여러 차례 급선회하는 방식이었는데 급격히 방향을 틀고 자세를 바꾸는 과정에서 기체가 불안정해졌고 이에 추락하지 않았나 생각합니다.

10. 작전에 투입되는 무인기 대수

부승찬 의원실
한번 작전을 할 때 무인기를 동시에 보냅니까? 시간차를 두고 보냅니까?

제보자
시간차를 줘야 됩니다. 왜냐하면 제작사도 공개했듯이, 발사대 한 대로 운영하기 때문에 한 대를 쏘고 다시 장착해서 쏘고 해야 되기 때문에 시간이 필요합니다. 한 번에 2~4대 날립니다.

부승찬 의원실
시간차가 몇 분 됩니까?

제보자
최소 30분 이상 되어야 하지 싶습니다.

11. 드론사 부대원들은 평양 무인기 침투 사실을 아는가?

부승찬 의원실
북한이 평양에 추락한 무인기가 우리나라 무인기라고 공개하고 비난했을 때, 혹시 이 이야기를 드론사 인원들과 나누신 적이 있습니까? 몇 명과 이야기를 나눴고 그들의 반응이 어땠는지 알려 주십시오.

제보자
믿을 만한 사람 대여섯 명과 대화를 나눴습니다. 그 인원들도 많이 조심하고 쉬쉬하는 분위기였습니다. 말하면 큰일 날 것 같으니까. '알지만 어쩔 수 없죠' '뭐 근데 우리 말고도 다 알고 있는 것 같은데요'라는 이야기도 있었습니다. 누군가가 '부대원들 암암리에 다 알고 있는데 말을 못 할 뿐이다'라고도 말했습니다.

12. 드론사는 무인기를 의도적으로 추락시키려 했는가?

부승찬 의원실
드론사는 무인기를 의도적으로 떨어뜨리려고 그랬나요?

제보자
(무인기를) 노출을 의도적으로 할 생각은 있었을 것입니다. 다시 말씀드리자면 추락에 대한 가능성은 항상 있었습니다. 기체 성능 자체가 떨어져 이에 대한 불신 때문입니다. 그런데 무인기를 일부러 떨어뜨릴 생각은 없었습니다.

13. 평양 무인기 투입에 대해 처음 알게된 시기는?

부승찬 의원실
2024년 6월 3일 사령관이 처음으로 소수 인원을 소집한 거죠?

제보자
정확히 말씀드리면, 북한 오물풍선 대응 지시 일환으로 알고 있었습니다. 사령관이 갑자기 몇 명을 모았고, 핵심 인원, 작전을 준비할 수 있는 핵심 인원요. "보안을 유지한 상태에서 해야 된다" "V 지시다" "국방부, 합참 모르게 해야 된다" "저쪽(국방부, 합참)에는 절대 말하지 마라" 등 여러 이야기를 들었습니다.

14. 사령관은 국방부 장관 등에게 보고를 했는가?

부승찬 의원실
2024년 6월 3일 최초로 지시를 받은 후 TF가 구성됐고, 10월에 실제 작전을 한 것이면, 시간차가 있습니다. 시간차가 있는 이유를 설명해주시겠습니까?

제보자

6월에 지시를 받았을 때는 당장 막 작전을 할 것 같았습니다. 여름에 (드론작전사령관이) 용산에 몇 번 다녀온 것으로 제가 알고 있습니다. 그때 관련 보고자료를 만드는 인원들이 소위 용산 보고용, 대통령 보고 자료를 만든다는 인식이 있었습니다. 일부는 굉장히 흥분하고 분주했습니다.
열심히 만들었는데 작전지시가 내려오지 않았고, 그러다가 6, 7월이 지나갔습니다. 8월에는 UFS 훈련이 있어서 훈련에 집중했을 겁니다. 그렇게 지연되었습니다.

15. 드론사는 어떤 부대인가?

제보자

드론사는 윤석열 대통령 지시로 만든 부대이기 때문에 언론보도에도 많이 나왔던 부대입니다. 그래서 '(윤석열이) 가라고 하면 간다'는 마인드가 있었습니다.

16. 평양 침투 무인기의 비행 고도

부승찬 의원실
북한이 발표한 비행이력을 보면 무인기가 평양 상공에 들어와서 점점 고도를 낮춥니다. 그 이유는 무엇입니까?

제보자
삐라 살포를 해야 하기 때문입니다. 너무 위에서 떨어뜨리면 효과가 없기 때문에 그렇습니다. 그 다음에 그 불안감 조성을 위해서 일부러 노출시킬 필요가 있었겠죠.

돌아오지 않은 **무인기**

초판 3쇄 2026년 1월 20일

지 은 이 부승찬·이규정
교　　열 이혜민
편　　집 조성식
디 자 인 장승식
감　　수 황의봉
법률자문 고부건

펴낸 곳 해요미디어
출판등록 2019년 10월 24일 제 2019-000089호

전화 0505-043-7385
팩스 0505-043-7386
이메일 talbabo26@gmail.com

ⓒ 부승찬·이규정 2025
ISBN 979-11-985447-5-9(03300)

정가 19,800원

※ 이 책에 실린 글과 이미지의 무단 전재나 복제를 금합니다.
※ '따뜻한 정의'를 지향하는 해요미디어는 백범 김구 선생이 염원한 대로
　 우리나라가 '높은 문화의 힘'을 갖추는 데 이바지하겠습니다.